筋肉を理解して確実に効かせる！

DVD スポーツマッサージ

山田晃広

西東社

本書の使い方

本書はスポーツマッサージの技術向上を目的としており、すべての方にわかりやすいビジュアル解説を心がけています。PART1～3では部位別スポーツマッサージを、PART4ではペアストレッチを、PART5では試合前後のオイルマッサージを紹介しています。

PART 1～3 各部位冒頭ページ

ここではマッサージを行う前に知っておきたい情報を中心に紹介しています

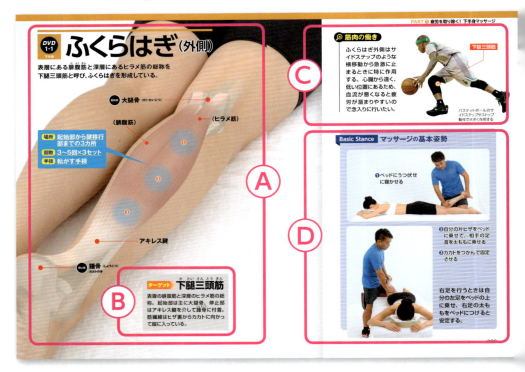

A 部位のなかでターゲットとなる筋肉イラストを写真と組み合わせて掲載しています

B ターゲットとなる筋肉の起始部、停止部など構造上の情報を記載しています

C 筋肉の働きと、起こりやすい症状や競技などの情報はここに集約されています

D マッサージをするときの基本姿勢を紹介しています

PART 1~3 各部位の技術解説

ここでは実際の施術の流れや細かいポイントを中心に紹介しています

E このアイコンがある写真は実際に施術しているときの施術者の目線です

F 施術のポイントや陥りやすいNG例を紹介しています

PART 4 ペアストレッチ

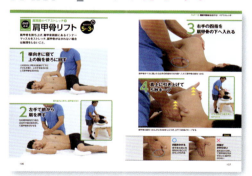

肩関節と股関節の動きをスムーズにさせるストレッチを中心に紹介しています

PART 5 オイルマッサージ

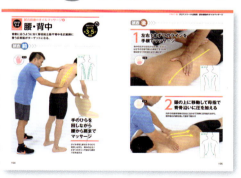

試合の前後におこなうオイルを使ったマッサージを紹介しています

矢印アイコンの説明

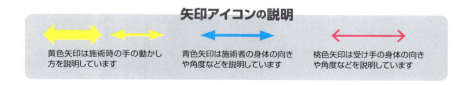

黄色矢印は施術時の手の動かし方を説明しています

青色矢印は施術者の身体の向きや角度などを説明しています

桃色矢印は受け手の身体の向きや角度などを説明しています

003

DVDの使い方

DVDには本書で紹介しているすべての手技が収録されており、著者による解説と実演をご覧いただけます。本でポイントを学び、DVDで手の動かし方やその速度を確認し、スポーツマッサージの技術向上にお役立てください。

1 ターゲットを音と映像で確認

PART 1～3では各部位冒頭画面で、ターゲットとなる筋肉の映像が流れます。ここではマッサージする場所を示すマークが表示され、それに合わせて音が鳴ります。

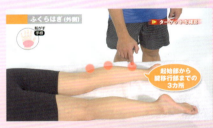

2 マッサージする場所を再度確認

山田トレーナーがその部位で使用する手技とターゲットを解説します。その後、マッサージをする場所を指さします。使用する手技は左上にアイコンが表示されます。

3 実演しながら技術解説

山田トレーナーが実演をしながら技術解説をしていきます。大切なポイントは画面下部にテロップで表示されます。

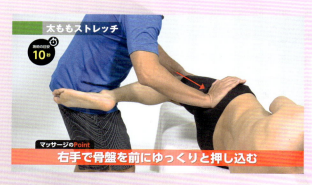

4 ストレッチも実演&解説

PART4のペアストレッチも実演しています。時間の目安は左上のアイコンに、大切なポイントは下部テロップで表示されます。

5 PART5は手の速度に注目！

試合前と後では、オイルマッサージの速度が変わります。本では伝わらない手の速度や動かし方に注目してください。

本書付属DVDをご使用になる前に

使用上のご注意
- DVDビデオは、映像と音声を高密度に記録したディスクです。DVDビデオ対応のプレーヤーで再生してください。プレーヤーによっては再生できない場合があります。詳しくは、ご使用になるプレーヤーの取扱説明書をご参照ください。
- 本ディスクにはコピーガード信号が入っていますので、コピーすることはできません。

再生上のご注意
- 各再生機能については、ご使用になるプレーヤーおよびモニターの取扱説明書を必ずご参照ください。
- 一部プレーヤーで作動不良を起こす可能性があります。その際は、メーカーにお問い合わせください。

取扱上のご注意
- ディスクは両面とも、指紋、汚れ、傷等をつけないように取り扱ってください。
- ディスクが汚れたときは、メガネふきのようなやわらかい布を軽く水で湿らせ、内周から外周に向かって放射線状に軽くふき取ってください。レコード用クリーナーや溶剤等は使用しないでください。
- ディスクは両面とも、鉛筆、ボールペン、油性ペン等で文字や絵を書いたり、シール等を貼らないでください。
- ひび割れや変形、または接着剤等で補修されたディスクは危険ですから絶対に使用しないでください。また、静電気防止剤やスプレー等の使用は、ひび割れの原因となることがあります。

鑑賞上のご注意
- 暗い部屋で画面を長時間見つづけることは、健康上の理由から避けてください。また、小さなお子様の視聴は、保護者の方の目の届く所でお願いします。

保管上のご注意
- 使用後は必ずプレーヤーから取り出し、DVD専用ケースに収めて、直射日光が当たる場所や高温多湿の場所を避けて保管してください。
- ディスクの上に重いものを置いたり落としたりすると、ひび割れしたりする原因になります。

お断り
- 本DVDは、一般家庭での私的視聴に限って販売するものです。本DVDおよびパッケージに関する総ての権利は著作権者に留保され、無断で上記目的以外の使用（レンタル＜有償、無償問わず＞、上映・放映、インターネットによる公衆送信や上映、複製、変更、改作等）、その他の商行為（業者間の流通、中古販売等）をすることは、法律により禁じられています。

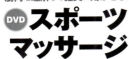

筋肉を理解して確実に効かせる！
DVD スポーツマッサージ

目次

本書の使い方………2
DVDの使い方………4

序章
スポーツマッサージの基本……9

スポーツマッサージの役割
**筋肉に柔軟性を与えて
ケガ予防と運動機能向上**………10

スポーツマッサージのタイミング
**受け手のコンディションを把握し
最適なタイミングで行う**………12

スポーツマッサージに必要な準備と道具
**受け手の気持ちになって
準備と環境を整える**………14

スポーツマッサージのやり方
**筋肉をイメージながら施術して
正確にターゲットを捉える**………16

DVD0-1
基本の手技1
さする（軽擦法）………18

DVD0-2
基本の手技2
手根（手根揉捏法）………20

DVD0-3
基本の手技3
母指（母指揉捏法）………22

DVD0-4
基本の手技4
四指（四指揉捏法）………23

DVD0-5
基本姿勢
**スポーツと同じように
マッサージにも
フォームがある**………24

PART 1
疲労を取り除く！
下半身マッサージ……26

DVD1-1
ふくらはぎ（外側）
ターゲット▶下腿三頭筋………28

DVD1-2
ふくらはぎ（内側）
ターゲット▶下腿三頭筋………32

DVD1-3
ヒザ裏
ターゲット▶下腿三頭筋………36

DVD1-4
足裏
ターゲット▶足底腱膜………40

DVD1-5
アキレス腱
ターゲット▶アキレス腱………44

DVD1-6
太もも裏（外側）
ターゲット▶大腿二頭筋………48

DVD1-7
太もも裏（内側）
ターゲット▶半腱様筋、半膜様筋………52

DVD1-8
お尻（下）
ターゲット▶ハムストリング………56

DVD1-9
スネ
ターゲット▶前脛骨筋………60

DVD1-10
太もも（前側）
ターゲット▶大腿直筋、内側広筋、
外側広筋……………64

DVD1-11
太もも（内側）
ターゲット▶内転筋群………68

PART 2
疲労を取り除く！
腰周りマッサージ……72

DVD2-1
腰
ターゲット▶脊柱起立筋………74

DVD2-2
お尻（横）
ターゲット▶中殿筋………78

DVD2-3
太もも（外側）
ターゲット▶大腿筋膜張筋………82

DVD2-4
太もも（付け根）
ターゲット▶腸腰筋………86

PART 3
疲労を取り除く！
上半身マッサージ……90

DVD3-1
背中
ターゲット▶脊柱起立筋………92

DVD3-2
肩甲骨の間
ターゲット▶菱形筋………96

DVD3-3
首の下部
ターゲット▶僧帽筋………100

DVD3-4
首の上部
ターゲット▶僧帽筋………104

DVD3-5
肩甲骨
ターゲット▶棘下筋………108

DVD3-6
鎖骨の下
ターゲット▶大胸筋、鎖骨リンパ節………112

DVD3-7
ワキの下
ターゲット▶腋窩リンパ節………116

目次

DVD3-8
前腕
ターゲット▶前腕伸筋群、
前腕屈筋群………120

DVD3-9
手のひら
ターゲット▶手部の各筋肉………124

PART 4
関節可動域を広げる!
ペアストレッチ……128

DVD4-1
肩関節のペアストレッチ❶
首肩ストレッチ………130

DVD4-2
肩関節のペアストレッチ❷
肩甲骨前回し………132

DVD4-3
肩関節のペアストレッチ❸
肩甲骨後ろ回し………134

DVD4-4
肩関節のペアストレッチ❹
肩甲骨リフト………136

DVD4-5
股関節のペアストレッチ❶
股関節内回し………138

DVD4-6
股関節のペアストレッチ❷
股関節外回し………140

DVD4-7
股関節のペアストレッチ❸
股関節ストレッチ………142

DVD4-8
股関節のペアストレッチ❹
太ももストレッチ………144

PART 5
プロアスリートも実践!
試合前後のオイルマッサージ……146

DVD5-1
試合前後のオイルマッサージ❶
ふくらはぎ………148

DVD5-2
試合前後のオイルマッサージ❷
太もも前………150

DVD5-3
試合前後のオイルマッサージ❸
太もも裏………152

DVD5-4
試合前後のオイルマッサージ❹
腰・背中………154

DVD5-5
試合前後のオイルマッサージ❺
スネ………156

おわりに………158

序章

スポーツマッサージの基本

スポーツマッサージの役割

筋肉に柔軟性を与えて
ケガ予防と運動機能向上

運動によって酷使された筋肉は血流が滞り、硬くなっていく。その筋肉に柔軟性を与え、多くの恩恵をもたらすのがスポーツマッサージだ。

試合や練習によって
筋肉が酷使される

きれいなフォームを維持したり、激しい運動を行えるのは筋肉のおかげ。筋肉が収縮することで、骨を動かしたり支えたりしている。当然運動強度が上がれば、筋肉への負荷も上がる。

大きな力を生み出す下半身の筋肉はそれだけ負荷もかかる

疲労が蓄積して
筋肉の柔軟性が低下

激しい運動によって酷使された筋肉は硬く収縮する。その硬くなった筋肉に血管は圧迫され血流が滞り、血液中の老廃物が滞留する。運動後に身体が重く感じるのはこのためだ。

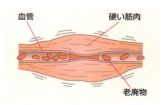

酷使された筋肉は硬くなり、血流が滞り老廃物が溜まる

放っておくと
肉離れなど筋肉系の
ケガの原因に！

一般的なマッサージの役割はコリやハリを一時的に緩和させることにあるが、スポーツマッサージの役割は、**受け手の筋肉機能を最大に引き出しパフォーマンスを上げる**ことにある。

激しい運動によって酷使された筋肉を放っておくとパフォーマンスは落ち、ケガのリスクも高まる。ケガによっては長期間のリハビリを要するので、そのような**ケガを未然に防ぎ継続的に高いパフォーマンスを発揮させる**ことにスポーツマッサージの意義がある。

スポーツマッサージで老廃物を排出する

スポーツマッサージで、自力では動かしづらい方向に筋肉を的確に動かすことができる。これによって硬かった筋肉は徐々にほぐれ柔軟性を取り戻し、血流が促されるので老廃物も排出されやすくなる。

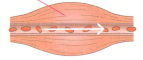

筋肉に柔軟性が戻り血流が促され、老廃物が排出される

疲労回復が早まり筋肉の柔軟性も向上

血液中の老廃物が排出され、酸素がたくさん送り込まれれば疲労回復が早まり、良いコンディションをキープできる。筋肉の柔軟性も向上していくのでケガの予防にもつながる。

回復が早まりコンディションを維持できる

運動パフォーマンス向上やケガ予防に好影響!

スポーツマッサージの**タイミング**

受け手のコンディションを把握し最適なタイミングで行う

スポーツマッサージはいつ行ってもよいというものではない。目的に合わせて最適なタイミングで行い受け手のパフォーマンスを引き出そう。

◯ Best Timing

◯ 日々の**練習前後**にはケガ予防と柔軟性向上
選手が筋肉にハリを感じていれば、ケガ予防のために練習前に行うのが効果的だ。また、日頃から練習前や後に継続して行っていけば柔軟性も向上していく。

◯ **試合前**にはウォーミングアップ
PART5で紹介しているようなオイルマッサージを試合前に行い筋温を上げることで、ウォーミングアップとしての効果が期待できるので、寒い冬でもすばやく温度を上げられる。

◯ **試合後**には疲労回復とリラックス
試合後の筋肉は大きなダメージを受けている。競技によってその部位は異なるが、適切な施術で血流を促し疲労回復に努める。また優しくもみほぐすことで、試合で高ぶった精神を落ち着かせることができる。

マッサージの**タイミングは受け手である選手次第**。ケガの多い選手であれば日々の練習前後に継続的に行うこともあるし、ハリを感じた時にだけ行う選手もいる。またチームとして試合前のオイルマッサージが約束事になっていることもある。さらに、年を重ねると回復には時間がかかるので、試合後はベテランほど入念にもなる。大切なことは、常に**選手一人ひとりのコンディションを把握**し、高いパフォーマンスを維持できるように支えることだ。

✗ Bad Timing

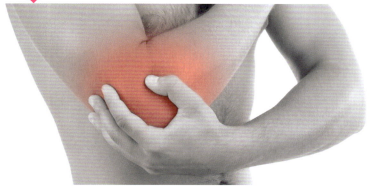

発熱など**体調不良時**
スポーツマッサージには血流を促し体温を上げる効果があるので、発熱がある時は控えること。また熱はなくても体調がすぐれないと感じた時も同様に控えておいたほうがよい。

ケガの**直後**や**炎症**がある時
ケガ直後のマッサージは逆効果。肉離れやねんざ、打撲や脱臼などの場合、患部は炎症を起こしているので、まずは冷やすこと。その後診察を受け適切な処置をする。スポーツマッサージは痛みが引いてから。

お酒を**飲んだ**時
大人になると試合後に宴会で飲酒をする機会もある。だが、その後にマッサージをするのは逆効果。飲酒で血圧が上がっている状態で施術するとダルさや疲労感を感じやすくなる。

スポーツマッサージに必要な準備と道具

受け手の気持ちになって準備と環境を整える

スポーツマッサージの主役はあくまでも受け手である選手。彼らがリラックスして受けられるように細かい点にも目を向け準備と環境を整える。

準備

爪を切る
施術中に爪で受け手を引っ掻いてしまうようなことがないように、必ず事前に爪を切っておくこと。また指先が荒れて硬くなっていると皮膚が擦れ受け手が痛みを伴うので、日頃から手先をケアしておくことが大切。

手を洗う
遠征先のグラウンド横の屋外などで急遽マッサージをするようなことは多々ある。そんな時でも施術前には必ず手を洗い清潔にしておくこと。水道がないような状況もあるのでウェットティッシュなどを携帯しておくとよい。

静かな環境
選手は試合前には気持ちを高め、試合後には気持を落ち着かせたいという心理状態にある。このような選手の精神面をサポートできるように、できる限り静かな人のいない環境で施術をしたい。

オイルマッサージ以外は基本的にウェアの上から施術するが、それでも**最低限のマナーとして、爪を切り、手を洗う**ことはしておきたい。また、試合前後の選手はナーバスになっているので、マッサージはできるだけ静かな環境で行うことが望ましい。身体面だけではなく、**精神面も支えて上げられるようにケアする**ことが大切だ。ベッドは、高さを施術者に合わせられる可動式が理想だが、布団などでも行えるように日頃から準備しておこう。

道具

マッサージベッド
理想は施術者の身長に合わせられる可動式のベッドだが、環境によってはベッドではなく布団で行う場合もあるので、どんな施術台でも行えるようになっておこう。

マッサージオイル
試合前後にオイルマッサージを行う場合に限り必要になる。市販のオイルであればどれでも問題はないが、ベッドや椅子が汚れないようにバスタオルを敷いてから行うこと。

バスタオルとフェイスタオル
ベッドに敷くために必要な大判のバスタオルと、受け手の顔にかけるためのフェイスタオルを複数枚用意する。

スポーツマッサージのやり方

筋肉をイメージしながら施術して正確にターゲットを捉える

スポーツマッサージでは漠然と部位に手を当てるのではなく、筋肉の形や筋繊維の向きをイメージしながら正確にターゲットを捉えていくことが必要だ。

やり方 1

筋肉の起始部と停止部を常に意識する

骨に付く骨格筋には起始部と停止部がある。施術する際には、その起始部や停止部が捉えるポイントの目安にもなるので、施術する時は、起始部と停止部をイメージできるようにしておこう。

首の上部では僧帽筋の起始部を2カ所母指で捉える

やり方 2

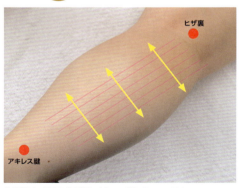

筋繊維の向きに対して垂直方向へ動かす

筋肉は筋繊維に沿った向きにしか縮むことができない。つまり左写真の下腿三頭筋は、ヒザ裏から足首の縦方向にしか縮まない。そこで筋繊維に対して垂直になる横方向にマッサージすることで、効率よくほぐすことができるのだ。

筋繊維がヒザ裏から足首に向かって縦に入っているので手は横方向に動かす

筋肉（または腱）が骨に付着している部分を「起始部」と「停止部」と呼び、直立時に上にあるほうを起始部、下にあるほうを停止部としている。このふたつをイメージして**筋肉を正確に捉えることが大切**だ。また、筋肉を動かす方法は筋繊維に対して垂直方向、回数は1カ所につき3〜5回×3セットがルールになる。回数の基本は3回として、受け手の筋肉が大きかったり、硬かったりする場合は5回行う。**やり過ぎも逆効果なので注意**しよう。

やり方 3

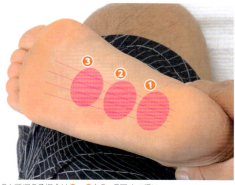

3カ所捉える場合は ❶〜❸ を3〜5回ずつ行い、それを3セット行う

回数はすべての部位で3〜5回×3セット行う

ひとつの部位のなかでの施術力所は筋肉の大きさなどによって異なる。1カ所の部位もあればスネなど長い筋肉は4、5カ所になる。しかしどの部位であっても、1カ所あたり3〜5回×3セット行うのは共通だ。

やり方 4

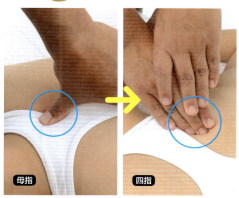

肩甲骨の間の菱形筋では母指で捉えた後に四指でより細かく捉える

最初は筋肉を大きく捉え徐々に小さくする

部位によっては手技を変えて2回同じ場所を施術するところがある。これは最初に筋肉を大きく捉えて動かし、次に手技を変えて小さく捉えて動かすためだ。2段階行うことで筋肉をより正確にほぐすことができる。

017

基本の手技 1 # さする（軽擦法 けいさつほう）

筋肉状態の把握と受け手の緊張緩和のために、施術前には必ずタオル越しに部位を擦る。

腰〜背中

❶ 背骨の横を沿い腰から首の付け根まで
❷ 3本のラインの真ん中を腰から肩まで
❸ 背中の外側を腰から肩の外側まで

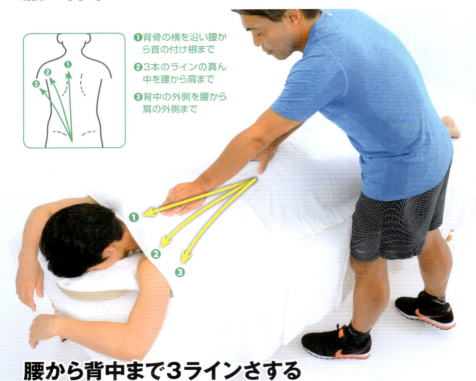

腰から背中まで3ラインさする

腰から背中にかけて左右3ラインずつ擦り筋肉の張りなどを確かめる。右半身は右手、左半身は左手で行う

Point

指同士をくっつけて部位に密着させることを意識する

> **やり方**
> ❶ターゲットは腰〜背中、脚（裏）、脚（表）の3部位（腕やお腹、胸は行わない）。
> ❷回数は各部位3ライン×3セット。
> ❸手のひらをタオル越しに密着させて適度に圧を加えなが擦る。

脚（裏）

アキレス腱からお尻まで3ラインさする

❶アキレス腱中央からお尻まで上がり外側に抜ける

❷アキレス腱の外側からお尻の外側まで

❸アキレス腱内側から太もも裏を経由してお尻の外側に抜ける

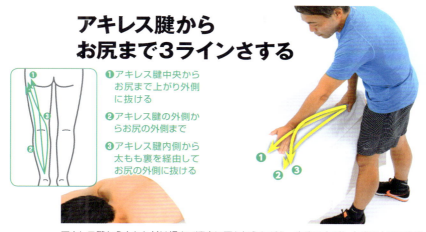

アキレス腱から太もも付け根まで適度に圧を加えながら、右脚は右手、左脚は左手で行う

脚（表）

足の甲から太もも付け根まで3ラインさする

❶足の甲の中央からももの付け根まで

❷足の甲の外側から太ももの付け根の外側まで

❸足の甲の内側から太ももを経由して付け根の外側まで

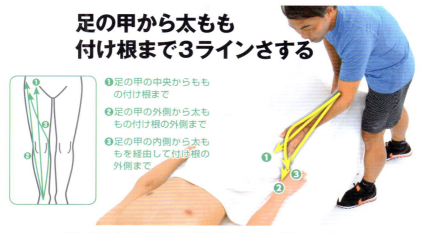

足首から太もも付け根まで筋肉状態を確かめながら右脚は右手、左脚は左手で行う

基本の手技 2 手根 (手根揉捏法)

筋肉を転がす手根

やり方
① ターゲットは、ふくらはぎ（外側）、太もも（前側）の2部位。
② 回数は3〜5回を3セット。
③ 筋繊維の向きに対して垂直方向に筋肉を転がすようにもむ。

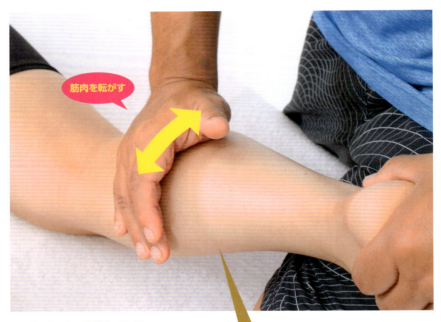

圧を加えず筋肉を転がすようにもむ

手根をターゲットに密着させず、リズミカルに筋肉を転がすように動かす

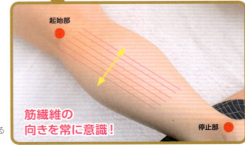

筋繊維が縦に入っているので横方向に動かす

手のひら付け根の「手根」と呼ばれる部位を使ってもむ手技。
接地面が広いので筋肉を大きく捉えることができる。

筋肉を転がさない手根

やり方

① ターゲットは、太もも裏（内側）、太もも（内側）、お尻（横）など大きな筋肉を中心に8部位。
② 回数は3〜5回を3セット。
③ 筋繊維の向きに対して垂直方向に筋肉に圧を加えながらもむ。

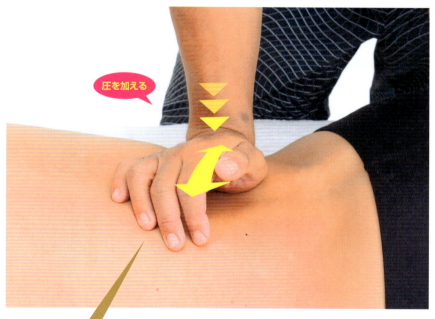

圧を加える

筋肉に圧を加えながらもむ

手根をターゲットに密着させて適度に圧を加えながら動かす

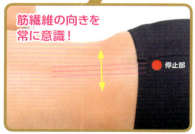

筋繊維の向きを常に意識！
停止部
筋繊維が縦に入っているので横方向に動かす

Point
手根を重ねれば安定し圧を強められる

基本の手技 3

母指（母指揉捏法）

親指の腹を使ってもむ手技。圧の方向やコントロールがしやすく、深いところにある筋肉にも届きやすい。

やり方

1. ターゲットは、アキレス腱、スネ、首の上部など細い筋肉を中心に12部位。
2. 回数は3〜5回を3セット。
3. 手部全体を筋繊維の向きに対して垂直方向に動かしてもむ。

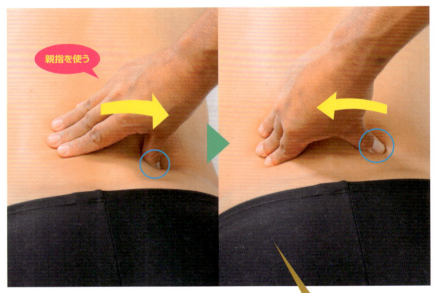

親指を使う

母指だけではなく手首から動かす

ターゲットに当てるのは母指だが、動かすときは母指ではなく手首から手部全体を動かしてもむ

Point
母指を動かすと皮膚がつままれ効果は薄い

筋繊維の向きを常に意識！

停止部

筋繊維が縦に入っているので横方向に動かす

基本の手技 4 四指（四指揉捏法）

親指を除いた四本指の腹を使ってもむ手技。骨に近く繊細な動きを要する部位などで効果的だ。

やり方

1. ターゲットは、ふくらはぎ（内側）、ヒザ裏、鎖骨の下など小さな筋肉を中心に7部位。
2. 回数は3〜5回を3セット。
3. 四指を伸ばして筋繊維の向きに対して垂直方向に動かしてもむ。

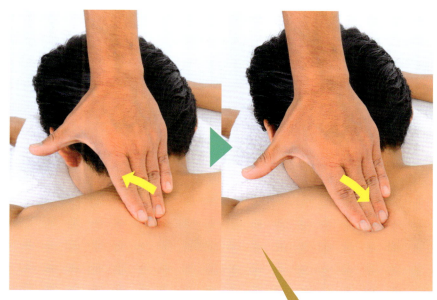

伸ばした四指でもむ

母指を除いた四本の指を伸ばした状態でターゲットに当てて動かしてもんでいく

Point
四指を曲げて爪を立てると痛みを伴う

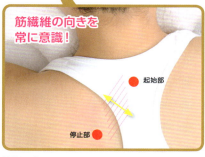

筋繊維の向きを常に意識！

起始部
停止部

筋繊維が斜め下に入っているので交差させるように動かす

023

基本姿勢

DVD 0-5 基本

スポーツと同じように マッサージにもフォームがある

受け手の筋肉に効かせるためには下半身でしっかりと立ち、
体幹を通して指先に力を伝えることが大切だ。

基本の立位姿勢

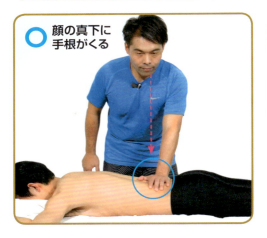

◯ 顔の真下に手根がくる

✕ 手だけが動く

（◯）手根と顔の関係は垂直。こうすることで手根に圧を的確に加えられる
（✕）手根だけが動くと圧を正確に加えられない

◯ 両足に荷重する

✕ 片足に荷重する

（◯）両足にしっかり荷重しているので安定して立てる。この安定性が指先に力を伝えるうえで必要になる
（✕）片足荷重は不安定

斜めから圧をかける姿勢

（〇）脚を大きく前後に開くことで安定性を確保している。後ろ脚で踏み込むと力を伝えやすい
（✕）脚を開かないと指先に力を伝えられない

片足をベッドに乗せる姿勢

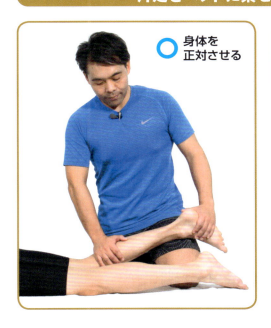

（〇）部位によっては片足をベッドに乗せる必要があるが身体が傾かないように注意しよう
（✕）傾くと正確に筋肉をとらえることができない

疲労を取り除く!
下半身マッサージ

PART 1

下半身スポーツマッサージの
ルールを確認しよう！

ルール ❶ マッサージの前に下半身をさする

各部位の施術前に必ず軽擦法を行う。うつ伏せで施術する部位はうつ伏せで、あお向けで施術する部位はあお向けでさする。さすりながら手のひらで筋肉のハリなどコンディションを確認し、同時に受け手ともコミュニケーションを取りリラックスさせよう。

手のひらを密着させて適度に圧を加えながらさする

ルール ❷ 下腿（かたい）→大腿（だいたい）の順番で行う

基本的には心臓から遠い部位から行う。下半身であれば足裏やアキレス腱を含んだふくらはぎ（下腿）を行ってから、太もも（大腿）だ。ふくらはぎよりも足裏の方が心臓から遠いが、ふくらはぎ→アキレス腱→足裏と下がっていったほうが施術しやすいので、この場合は便宜上まとめて下腿ととらえる。

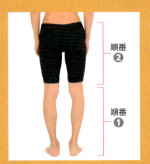

下腿全般から施術して大腿に移るのが理想的な順番

ルール ❸ ケガをしやすい部位はしっかりケア

「スポーツの基本は下半身」と言われるほど、あらゆるスポーツで下半身の筋肉は必要とされており負担も大きくなる。とくに太もものハムストリングや足裏、アキレス腱などは、ケガを発症しやすい部位なので、入念に行おう。

太もも裏のハムストリングは走るパワーを生み出す重要な筋肉

PART 1 下半身マッサージ

ふくらはぎ（外側）

DVD 1-1 下半身

表層にある腓腹筋（ひふくきん）と深層にあるヒラメ筋の総称を下腿三頭筋と呼び、ふくらはぎを形成している。

- 起始部　**大腿骨**（だいたいこつ）
- （腓腹筋）
- （ヒラメ筋）

場所	起始部から腱移行部までの3カ所
回数	3〜5回×3セット
手技	転がす手根

- アキレス腱
- 停止部　**踵骨**（しょうこつ）カカトの骨

ターゲット　下腿三頭筋（かたいさんとうきん）

表層の腓腹筋と深層のヒラメ筋の総称。起始部は主に大腿骨、停止部はアキレス腱を介して踵骨（しょうこつ）に付着。筋繊維はヒザ裏からカカトに向かって縦に入っている。

PART ❶ 疲労を取り除く！下半身マッサージ

🔍 筋肉の働き

ふくらはぎ外側はサイドステップのような横移動から急激に止まるときに特に作用する。心臓から遠く、低い位置にあるため、血流が悪くなると疲労が溜まりやすいので念入りに行いたい。

下腿三頭筋

バスケットボールのサイドステップやストップ動作で大きく作用する

Basic Stance マッサージの基本姿勢

❶ベッドにうつ伏せに寝かせる

❷自分の片ヒザをベッドに乗せて、相手の足首を太ももに乗せる

❸カカトをつかんで固定させる

右足を行うときは自分の左足をベッドの上に乗せ、右足の太ももをベッドにつけると安定する。

1 カカトを つかんで 固定させる

ふくらはぎの真横に立ち、自分の片ヒザをベッドに乗せ、カカトをつかんで固定させる

2 ターゲットと 筋繊維の 向きを確認

ふくらはぎ外側の筋肉を3等分したところがターゲットになる

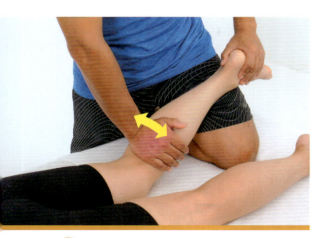

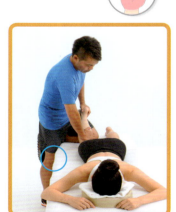

3 1カ所目は起始部付近

手のひらをヒザ裏の下辺りに置いて手根で筋肉を転がす。自身の小指側に意識を置く

軸足のヒザをベッドにつけて安定させる

PART ❶ 疲労を取り除く！下半身マッサージ

転がす **手根**

手根の上に顔がくるように上体を調整する

4 2カ所目は筋の中間

リズムよく筋繊維に対して直角に動かしていく

転がす **手根**

手根に合わせて上体を徐々に起こしていく

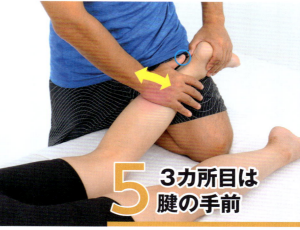

5 3カ所目は腱の手前

筋肉が細くなってくるので親指を浮かせて小指側の手根でターゲットを捉える

Point

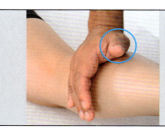

⭕ **親指を浮かせる**
親指側を浮かせれば細い筋肉でも的確に捉えられる

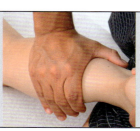

❌ **手のひらをつける**
細い筋肉に対して手根全体を付けるとターゲットを捉えづらい

031

DVD 1-2
下半身

ふくらはぎ（内側）

ふくらはぎの内側は外側と比べるとややつりやすい部位。
試合や練習の前後に丁寧に行おう。

起始部 **大腿骨**
（だいたいこつ）

（ヒラメ筋）

①

場所	起始部から腱移行部までの3カ所
回数	3〜5回×3セット
手技	四指

（腓腹筋）

②

③

アキレス腱

停止部 **踵骨** （しょうこつ）
カカトの骨

ターゲット （か たい さん とう きん）
下腿三頭筋

前ページ同様に、下腿三頭筋の起始部は大腿骨、停止部はアキレス腱を介して踵骨（しょうこつ）に付着。筋繊維はヒザ裏からカカトに向かって縦に入っている。

PART ❶ 疲労を取り除く！下半身マッサージ

筋肉の働き

ふくらはぎの内側と外側とを比較すると、内側のほうがややつりやすいので、運動の前後に十分にケアをしておきたい。運動時の作用については、ストップから再スタートを切るときに働くことが多い。

地面を強く蹴り出し跳躍する動作などで大きく作用する

下腿三頭筋

Basic Stance　マッサージの基本姿勢

❶ベッドにうつ伏せに寝かせる

❷自分の片ヒザをベッドに乗せ、相手の足首を太ももに乗せる

❸カカトをつかんで固定させる

カカトをつかんで、ベッドの上に乗せた自分の太ももの上に乗せ固定させる。

033

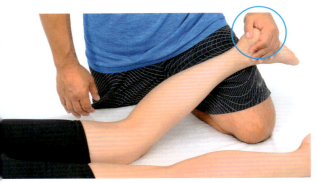

1 カカトを つかんで 固定させる

施術する足を自分の太ももに乗せる。このままでは落ちてしまうのでカカトをつかんで支える

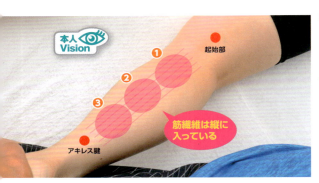

2 ターゲットと 筋繊維の 向きを確認

ヒザ裏からアキレス腱の手前までを3等分したところがターゲットになる

施術箇所が内側なので上から見下ろす姿勢になる

3 1カ所目はヒザ下の内側

カカトをおさえながら四指でリズムよく 3〜5回×3セットもむ

PART ❶ 疲労を取り除く！下半身マッサージ

体重はかけずに上体は起こしたまま揉む

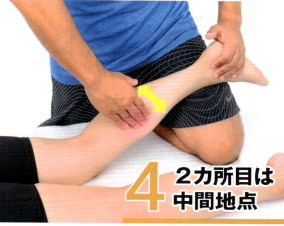

4 2カ所目は中間地点

ヒザ下とアキレス腱移行部の中間点が2カ所目

ポイントが下に移動するに連れて上体も移動させる

5 3カ所目の腱移行部は念入りに

アキレス腱の移行部はケガしやすいので念入りに行う

Point

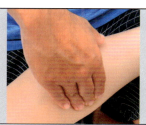

○ **四指を伸ばす**
爪が当たらないように注意しながら四指を伸ばして腕全体で大きく動かす

× **指が曲がる**
四指を曲げて指だけを動かすと痛みを伴う

035

ヒザ裏

DVD 1-3 下半身

ヒザ裏にはリンパ節があるので疲労物質が溜まらないように入念にケアしたい。ターゲットは下腿三頭筋の起始部。

①
②

起始部 大腿骨（だいたいこつ）

（ヒラメ筋）

（腓腹筋）

- **場所** 下腿三頭筋の起始部周辺を2カ所
- **回数** 3～5回×3セット
- **手技** 四指と母指

ターゲット 下腿三頭筋（かたいさんとうきん）

腓腹筋とヒラメ筋の総称。起始部はヒザ裏を越えた大腿骨で、停止部は足首を越えたカカトの骨。つまり2つの関節をまたぐ二関節筋である。

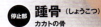

停止部 踵骨（しょうこつ）カカトの骨

PART ❶ 疲労を取り除く！下半身マッサージ

筋肉の働き

二関節筋である下腿三頭筋は、ヒザと足首の可動に大きく作用している。具体的にはつま先立ちをしたり、足で地面を強く蹴り出すような動きがあげられる。

下腿三頭筋

ヒザの曲げ伸ばしに大きく作用するのが下腿三頭筋だ

Basic Stance マッサージの基本姿勢

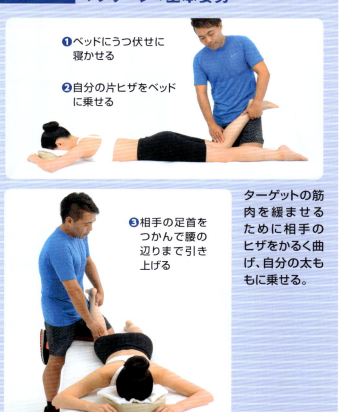

❶ベッドにうつ伏せに寝かせる

❷自分の片ヒザをベッドに乗せる

❸相手の足首をつかんで腰の辺りまで引き上げる

ターゲットの筋肉を緩ませるために相手のヒザをかるく曲げ、自分の太ももに乗せる。

037

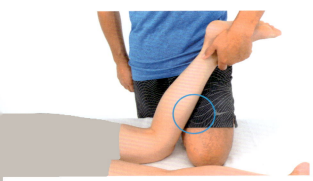

1 スネを太ももに乗せ安定させる

相手の足首をつかんでスネを太ももに乗せると安定する

2 ターゲットと筋繊維の向きを確認

ヒザ裏のくぼんだ部分のすぐ下の内側と外側の2カ所がターゲット

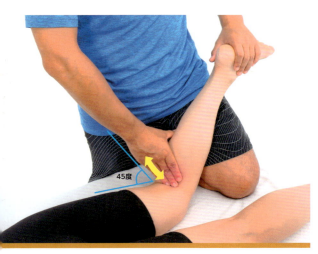

施術する腕の側へ少しだけ上体を傾ける

3 1カ所目は内側を四指で

ヒザに対して斜め45度くらいの角度で内側の起始部に四指を入れ3〜5回×3セットもむ

PART ❶ 疲労を取り除く！下半身マッサージ

4 足を下げて やや外転させる

カカトを少し下げヒザの角度を広げる。つま先をやや外転させヒザ裏外側を上に向けさせる

母指

やや前傾で順手のまま親指でもむが
体重はほとんどかけない

5 2カ所目は 外側を母指で

手のひらをヒザの内側から入れて母指でヒザ裏の外側を3〜5回×3セットもむ

Point

○ 順手に置く
筋繊維に対して親指が直角になる向きで置く

× 逆手に置く
逆手にすると親指が筋繊維に平行に動いてしまう

足裏

足裏の土踏まずを形成する足底腱膜は陸上選手に多い足底腱膜炎が起きやすい部位。過剰なマッサージは逆効果なので慎重に行おう

場所	踵骨から足趾までの3カ所
回数	3～5回×3セット
手技	ヒジ

起始部 **踵骨**（しょうこつ）
カカトの骨

足底腱膜

停止部 **足趾**（そくし）
指の骨

ターゲット 足底腱膜（そくていけんまく）

足裏を縦に走る強靭な腱性の膜。起始部はカカトの骨である踵骨、停止部はそれぞれの指の骨である足趾。筋繊維は縦に入っている。

PART ❶ 疲労を取り除く！下半身マッサージ

🔍 筋肉の働き

土踏まずのアーチを形成する腱膜。ランナーに多い足底腱膜炎が起きる部位で、原因はほぼオーバーユースのため予防が大切。初期症状で軽く痛みを感じたときに無理なマッサージでかえって悪化することがないように注意しよう。

足底腱膜

足底腱膜炎はサッカーや長距離ランナーなどに起こりやすい

Basic Stance　マッサージの基本姿勢

❶ ベッドにうつ伏せに寝かせる

❷ 自分の片ヒザをベッドに乗せて、相手の足の甲を太ももに乗せる

❸ 反対の手で足首をつかみ固定させる

自分の片ヒザをベッドに乗せて、足首をつかんで固定。前傾姿勢になってヒジを患部に当てる。

041

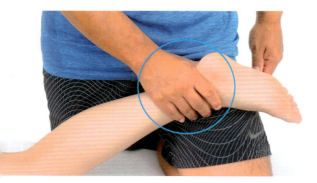

1 足首をつかんで固定させる

ベッドに乗せた自分の太ももに相手の足の甲をかけて、足首をつかんで固定

2 ターゲットと筋繊維の向きを確認

カカトのふくらみのすぐ下から足先に広がる腱膜のカカト寄りの3カ所がターゲット

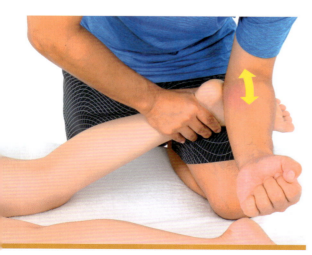

ヒジが自然に届く程度の前傾姿勢

3 1箇所目の起始部は入念に

起始部のカカトのふくらみ付近は足底腱膜炎になりやすいので特に慎重に行う

PART ❶ 疲労を取り除く！下半身マッサージ

4 少しずらして2カ所目

太ももをベッドにつけ姿勢を安定させる

ヒジ半個分ほど指先側にずらして3〜5回×3セットリズムよくもむ。圧はやや弱くする

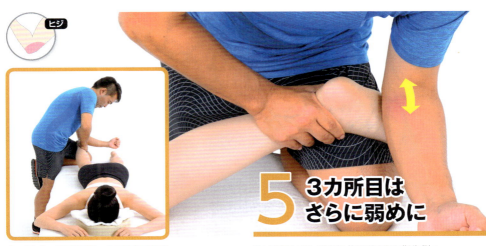

5 3カ所目はさらに弱めに

ターゲットの範囲が狭いので上体はあまり動かない

2カ所目からヒジ半個分ほどさらに指先側へ。圧は1カ所目から徐々に弱くする

Point

○ ヒジの角度は90度

圧は強すぎてもダメなので90度を保つ

✕ ヒジの角度が鋭角

ヒジを鋭角に曲げると圧が強過ぎてしまう

043

アキレス腱

DVD 1-5 下半身

腓腹筋、ヒラメ筋が合わさった共同筋であるアキレス腱。
人体の中でも強く太い腱だが断裂や炎症が起こりやすい。

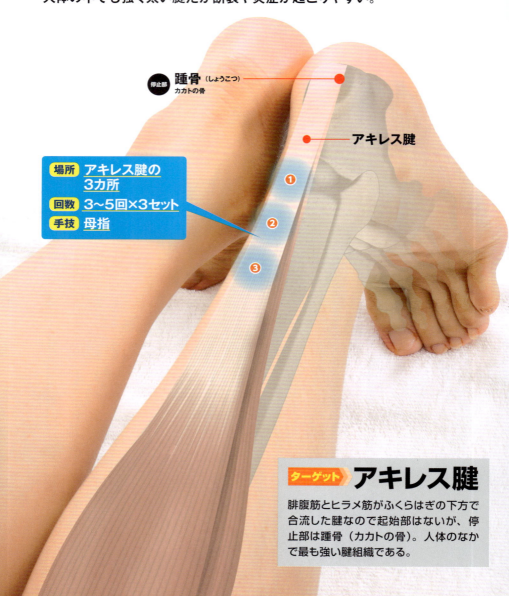

- 停止部 **踵骨**（しょうこつ） カカトの骨
- **アキレス腱**

場所	アキレス腱の3カ所
回数	3〜5回×3セット
手技	母指

ターゲット アキレス腱

腓腹筋とヒラメ筋がふくらはぎの下方で合流した腱なので起始部はないが、停止部は踵骨（カカトの骨）。人体のなかで最も強い腱組織である。

PART ❶ 疲労を取り除く！下半身マッサージ

🚫 筋肉の働き

アキレス腱は太く強い腱だが、酷使によるケガも多い部位でもある。スポーツ外傷であるアキレス腱断裂と、スポーツ障害であるアキレス腱炎にわけられるが、どちらもウォーミングアップ不足で急激に動かすことが原因のひとつになる。

アキレス腱

カカトを上げるような足関節の底屈運動で大きく作用する

Basic Stance マッサージの基本姿勢

❶ベッドにうつ伏せに寝かせる

❷自分の片ヒザをベッドに乗せて相手の足首を太ももに乗せる

❸両手で足首を持つ

自分の片ヒザをベッドに乗せて、両手で包むように足首を支え、両手の母指をアキレス腱へ当てる。

045

1 つま先を伸ばす

相手の足の甲を自分の太ももに乗せてつま先を伸ばし、アキレス腱を緩ませる

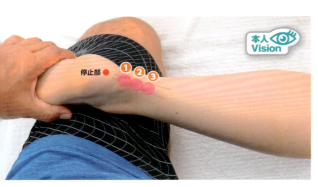

2 ターゲットと腱の向きを確認

アキレス腱は太いためわかりやすい。ふくらはぎからカカトへ向かって通っている

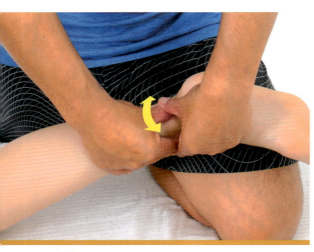

施術するポイント3カ所は指3本が目安になる

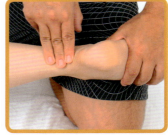

3 1カ所目はカカト寄り

カカト寄りのアキレス腱が1カ所目。両手の母指を重ねてリズムよく3〜5回×3セットもむ

046

PART ❶ 疲労を取り除く！下半身マッサージ

4 指1本分ずらして2カ所目

ふくらはぎの方へ指1本分程度移動したところが2カ所目

母指を縦に重ねることで安定して圧をかけられる

5 さらに指1本分ずらし3カ所目

指先だけを動かすのではなく腕全体を使ってリズミカルにもむ

ターゲットの範囲が狭いので姿勢はさほど動かない

Point

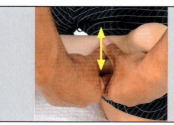

◯ **親指は腱に対して縦**
親指はアキレス腱と交差するような向きに置いて施術する

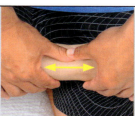

✕ **腱と平行になる**
ヒジを開くと親指が腱に対して平行になりやすいので注意

DVD 1-6 下半身

太もも裏 (外側)

ダッシュ、ジャンプなどで大きなパワーを発揮する大腿二頭筋。
特に外側はケガも多い部位なので念入りに行おう。

場所1	停止部付近を3カ所
場所2	筋中間部周辺を3カ所
回数	3〜5回×3セットずつ
手技	母指、転がさない手根

起始部
骨盤 (こつばん)

起始部
大腿骨 (だいたいこつ)

③
②
①

大腿二頭筋

③
②
①

停止部 **腓骨** (ひこつ)

ターゲット 大腿二頭筋 (だいたいにとうきん)

二頭筋なので、起始部が骨盤と大腿骨の2カ所にある。停止部は腓骨。特にここでは停止部付近がターゲットになる。筋繊維は下方へ縦に入っている。

PART ❶ 疲労を取り除く！ 下半身マッサージ

🔍 筋肉の働き

太もも裏の筋肉群の総称がハムストリングであり、ケガの多くは外側で起きる。ダッシュやジャンプなど様々な動作で大きな働きをするので、運動後はしっかりとケアしよう。

ハムストリングは走力、跳躍力の大きな原動力になっている

大腿二頭筋

Basic Stance マッサージの基本姿勢

❶ベッドにうつ伏せに寝かせる

❷片足をベッドに乗せて、相手の足首を太ももにかける

❸腕で足首を抱えるようにして固定させる

施術するほうのヒザを90度近くまで曲げて、二頭筋腱を緩ませる。足首は太ももに乗せて固定させる。

049

1 相手のヒザの前に立つ

相手のヒザが自分の身体の中心にくるように立ち、片方の足をベッドに乗せて足首を固定させる

2 ターゲットと筋繊維の向きを確認

ヒザ裏のやや上から指一本分ずつ上へ向かって3カ所を捉える

ベッドに乗せた足に体重をかけて前傾する

3 母指で3カ所を捉える

筋に対して垂直に親指を入れて大きく動かす。少しずつ上方へ移動して3カ所捉える

PART ❶ 疲労を取り除く！下半身マッサージ

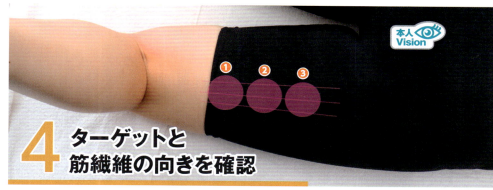

4 ターゲットと筋繊維の向きを確認

3で捉えた位置からさらに上へ移動した筋の中間部周辺3カ所がターゲット

手根の真上に頭がくるようにして圧を加える

5 手根で3カ所を捉える

転がさない手根を使って筋肉に圧を加えながら筋繊維に対して垂直方向にもむ

Point

⭕ **手根の上に顔**
手根の移動に合わせて真上に顔がくるようにすれば圧を正確に加えられる

❌ **手だけが移動**
手だけが動き顔はスタート位置のままだと圧が斜めにかかってしまう

太もも裏（内側）

DVD 1-7 下半身

いわゆるハムストリングと呼ばれる部位の内側。外側と比べると圧を敏感に感じるため、加減に注意しながら行おう。

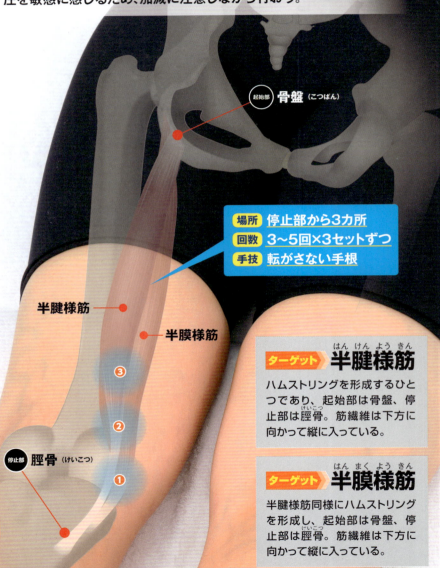

- 起始部 **骨盤**（こつばん）
- 半腱様筋
- 半膜様筋
- 停止部 **脛骨**（けいこつ）

場所	停止部から3カ所
回数	3～5回×3セットずつ
手技	転がさない手根

ターゲット　半腱様筋（はんけんようきん）
ハムストリングを形成するひとつであり、起始部は骨盤、停止部は脛骨（けいこつ）。筋繊維は下方に向かって縦に入っている。

ターゲット　半膜様筋（はんまくようきん）
半腱様筋同様にハムストリングを形成し、起始部は骨盤、停止部は脛骨（けいこつ）。筋繊維は下方に向かって縦に入っている。

PART ❶ 疲労を取り除く！下半身マッサージ

筋肉の働き

太もも裏の外側と合わせてハムストリングと呼ばれる。ダッシュ、ランニング、ジャンプなどさまざまな動作で使われる。外側と比較すると、大きなケガになることはやや少ないのが特徴だ。

ヒザ関節の屈曲、股関節の屈曲や内旋の役割がある

半腱様筋
半膜様筋

Basic Stance　マッサージの基本姿勢

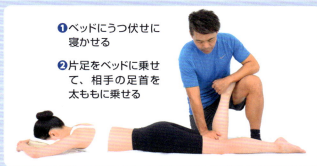

❶ベッドにうつ伏せに寝かせる

❷片足をベッドに乗せて、相手の足首を太ももに乗せる

❸腕で足首を抱えるように固定させる

相手のヒザが身体の中心にくる位置に立ち、ベッドで片ヒザを立ててかまえる。

053

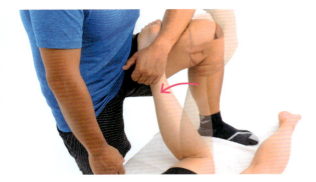

1 足裏を少しだけ外に開かせる

自分の太ももに相手の足首を乗せた状態で、相手の足裏が外に開くように調整する

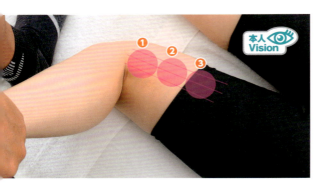

2 ターゲットと筋繊維の向きを確認

ハムストリングの内側がターゲット。ヒザ裏の停止部から上へ向かって3カ所を捉える

手根に過度な荷重をする必要はないので上半身は起こしたまま

3 1カ所目はヒザ裏のやや上

ヒザの内側を手のひらで包むように転がさない手根で3〜5回×3セットリズムよく圧を加えながらもむ

PART ❶ 疲労を取り除く！下半身マッサージ

4 手根半分ほど上にずらす

手をずらした分だけ頭の位置も移動する

手根半分ほど上にずらした辺りが2カ所目。刺激に敏感なので圧の調整を慎重に行う

5 さらにずらして3カ所目

必ず手根の真上に顔がくるように上体を傾ける

さらに手根半分ほど上にずらした辺りが3カ所目。3〜5回リズムよく行う

Point

○ 右足には右手
右足を施術するときは右手で行うことで正確に捉えられる

✕ 右足に左手
右足を左手で行なうと筋繊維に対して垂直に捉えづらくなる

055

お尻（下）

DVD 1-8 下半身

お尻下の坐骨（ざこつ）は椅子に座ったときに座面と接触し、体重を支える部位。また、同時に大腿部の筋肉の起始部にもなっている重要な部位だ。

起始部 骨盤（こつばん）

場所	ハムストリングの起始部付近
回数	3～5回×3セットずつ
手技	ヒジ

ハムストリング

ターゲット ハムストリング

太もも後面のハムストリングの起始部の太い腱がターゲットだ。筋繊維は坐骨から下方へ縦に向かって入っている。

停止部 腓骨（ひこつ）

PART ❶ 疲労を取り除く！下半身マッサージ

🔍 筋肉の働き

ハムストリングは大きな筋肉であり、坐骨はその起始部なので剥離骨折のような大ケガもある。奥は坐骨神経ともつながっているので、ここをケアすると腰痛の改善につながることも。

あらゆるスポーツで酷使されるハムストリングはそれだけケガも多い部位といえる

Basic Stance マッサージの基本姿勢

ヒジを使って施術するため片ヒザをベッドに立てた前傾姿勢で行う。

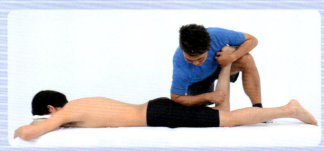

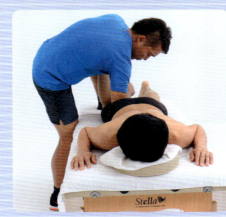

❶ ベッドにうつ伏せに寝かせる

❷ ベッドで片ヒザを立て、そこに相手の足を乗せヒザを90度に曲げる

❸ 上体を大きく前傾させてヒジを当てる

1 相手の足を太ももにかけ安定させる

ヒザを90度に曲げて足首を自分の太ももに乗せ抱え込むような姿勢をとる

太ももに乗せるだけでは安定しないので足首をしっかり抱え込む

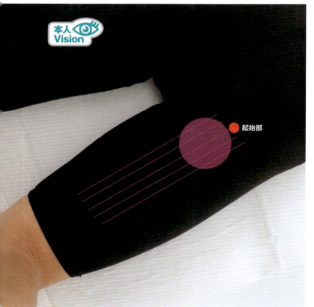

2 ターゲットと筋繊維の向きを確認

お尻と太ももの境目の起始部付近がターゲット。太い腱が縦に通っている

PART ❶ 疲労を取り除く！下半身マッサージ

ヒジ

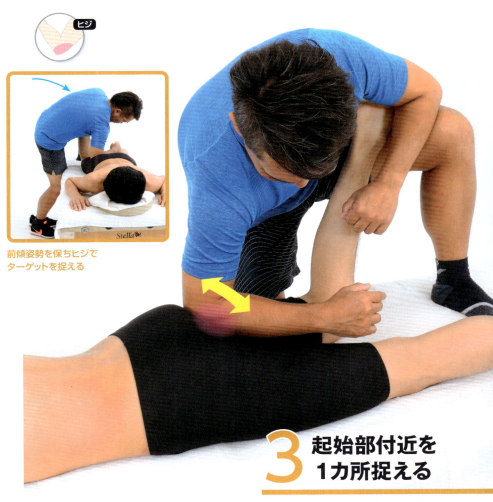

前傾姿勢を保ちヒジで
ターゲットを捉える

3 起始部付近を1カ所捉える

奥にある太い腱を捉えると「ゴリゴリ」という感触があるので、それを頼りにもんでいく

Point

○ **ヒジは90度**
ヒジと前腕部が太ももに密着するように90度くらいまで曲げる

× **ヒジが鋭角**
ヒジが鋭角になり過ぎると痛みを感じることがあるので注意

059

DVD 1-9 下半身 スネ

足首を可動させることによって疲労がたまりやすい部位。皮膚のすぐ下に脛骨（スネの骨）があり痛みを感じやすいので慎重に行う。

場所	起始部から停止部まで4～5カ所
回数	3～5回×3セットずつ
手技	母指

起始部 **脛骨**（けいこつ）スネの骨

① ② ③ ④

前脛骨筋

ターゲット **前脛骨筋**（ぜんけいこつきん）

起始部は脛骨、停止部は足裏の第1中足骨。筋繊維は下方に向かって縦に入っている。

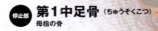

停止部 **第1中足骨**（ちゅうそくこつ）母指の骨

PART ❶ 疲労を取り除く！下半身マッサージ

筋肉の働き

つま先を上下させるときに働く筋肉。ふくらはぎの筋肉とは拮抗関係にあり足首の可動域に影響している。O脚やX脚の人は特にスネに疲労がたまりやすい傾向がある。

ランナーなど長時間足首を動かす競技で疲労が溜まりやすい

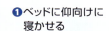
前脛骨筋

Basic Stance　マッサージの基本姿勢

❶ ベッドに仰向けに寝かせる

❷ 相手のスネの真横に立つ

❸ やや前傾姿勢になり、相手の足首をつかんで固定させる

下腿の外側にある前脛骨筋に正対するために腕を斜めに伸ばせる位置までベッドから離れる。

061

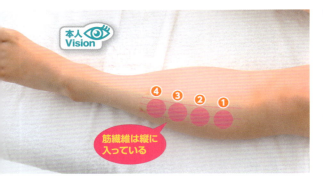

1 ターゲットと筋繊維の向きを確認

ヒザ下の外側からくるぶしの上までのターゲットゾーンを4、5カ所程度捉える

2 1カ所目は起始部付近

ヒザ下の外側の起始部付近に両手の母指を重ねて3〜5回リズムよくもむ

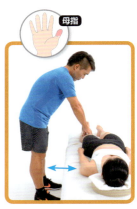

ベッドから少し離れて前傾姿勢で施術する

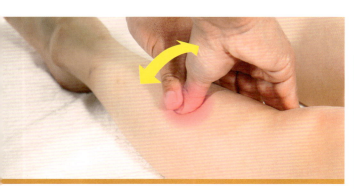

3 手のひらひとつ分ほど下に

2カ所目は手のひらひとつ分ほど下にずらして、同じように両手の母指を重ねてもむ

手を下にずらした分だけ顔の位置も移動

PART ❶ 疲労を取り除く！下半身マッサージ

常に身体の中心をターゲットに合わせる

4 4等分したうちの3カ所目

さらに手のひらひとつ分下へ移動。およそ4等分したうちの3カ所目

下がるにつれて自身も足の方へ移動する

5 腱移行部付近が最後の4カ所目

前脛骨筋が腱に移行するところが最後の4カ所目になる

Point

○ 脛骨に触れない
親指を重ねて安定させ脛骨に触れない

✕ 脛骨に圧を加える
上に動かしたときに脛骨に圧がかかると痛みを感じる

063

太もも（前側）

DVD 1-10 下半身

大腿四頭筋は太ももの前面の筋肉群の総称。なかでも大腿直筋のケガが多いので念入りに行いたい。

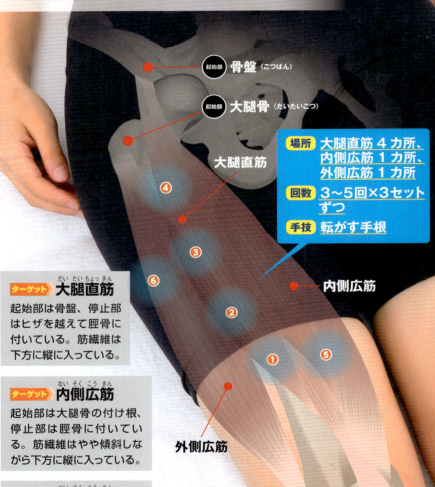

場所	大腿直筋 4カ所、内側広筋 1カ所、外側広筋 1カ所
回数	3〜5回×3セットずつ
手技	転がす手根

ターゲット 大腿直筋（だいたいちょっきん）
起始部は骨盤、停止部はヒザを越えて脛骨に付いている。筋繊維は下方に縦に入っている。

ターゲット 内側広筋（ないそくこうきん）
起始部は大腿骨の付け根、停止部は脛骨に付いている。筋繊維はやや傾斜しながら下方に縦に入っている。

ターゲット 外側広筋（がいそくこうきん）
起始部は大腿骨の付け根、停止部は脛骨に付いている。筋繊維は下方に縦に入っている。

PART ❶ 疲労を取り除く！下半身マッサージ

筋肉の働き

長くて大きな大腿四頭筋はとても大きなパワーを生み出す。ダッシュからのストップやジャンプ、サッカーのキックなどでとくに作用する。

- 内側広筋
- 大腿直筋
- 外側広筋

低い姿勢をキープしたり、そこから跳躍する時にも大きく作用する

Basic Stance マッサージの基本姿勢

❶ ベッドに仰向けに寝かせる

❷ 相手の太ももの横に立つ

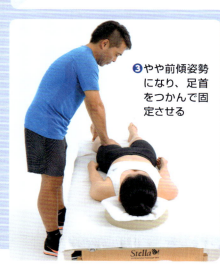

❸ やや前傾姿勢になり、足首をつかんで固定させる

基本はこの姿勢だが外側広筋を捉える時は1歩後ろに下がるなど筋肉によって立ち位置を調整する。

065

1 足首をつかみつま先を上に

相手のヒザの前に立ち足首をつかんで施術する足を固定させる

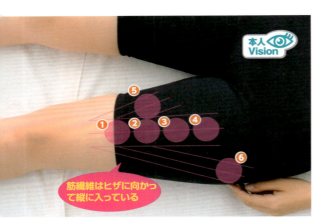

2 ターゲットと筋繊維の向きを確認

股関節からヒザへ向かって、内側、中央、外側に通っている3つの筋肉がターゲット

筋繊維はヒザに向かって縦に入っている

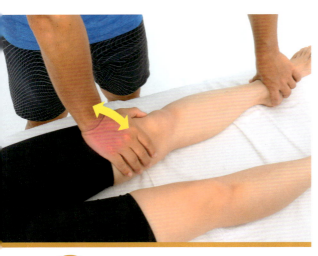

手根の上に顔が来るようにベッドに近づいて立つ

3 まずは大腿直筋を4カ所

太ももの中央にある大腿直筋を切るように転がす手根でリズミカルに3〜5回×3セットもむ

066

PART ❶ 疲労を取り除く！下半身マッサージ

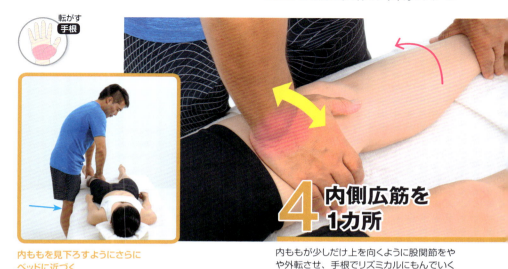

転がす
手根

4 内側広筋を1カ所

内ももを見下ろすようにさらに
ベッドに近づく

内ももが少しだけ上を向くように股関節をや
や外転させ、手根でリズミカルにもんでいく

転がす
手根

5 外側広筋を1カ所

外側広筋に正対するために1歩下がる

外側広筋は太もも外側にあるので1歩下がり
横から圧を加える意識で行なう

Point

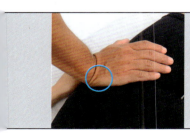

🔵 小指側の手根を使う
外側広筋では親指は浮かせて小指側の手根だけで行う

❌ 手のひらをつける
手のひら全体を付けてしまうとポイントが曖昧になってしまう

067

DVD 1-11 下半身

太もも（内側）

内ももは5つの筋肉で構成されており内転筋群と総称される。肉離れを起こしやすいので入念に行う。

ターゲット 内転筋群（ないてんきんぐん）

内ももにある5つの筋肉の総称で主な起始部は骨盤、停止部は大腿骨と脛骨。筋繊維は骨盤下部の恥骨（ちこつ）から大腿骨に向かって斜めに入っている。

場所	起始部付近を3カ所
回数	3〜5回×3セットずつ
手技	転がさない手根

起始部 **骨盤**（こつばん）

内転筋群

③

②

①

停止部 **大腿骨**（だいたいこつ）

停止部 **脛骨**（けいこつ）

PART ❶ 疲労を取り除く！下半身マッサージ

筋肉の働き

太もも内側は肉離れを起こしやすいので、身体が冷えている状態で急激な運動をしないように注意する。また疲労してエネルギー不足になったり、代謝が落ちたりするとつりやすくなる部位でもある。

内転筋群は股関節の柔軟性にも関わるので血流を促し疲労をためないようにしたい

内転筋群

SAMURAI JAPAN/Getty Images

Basic Stance　マッサージの基本姿勢

❶ベッドに仰向けに寝かせる

❷相手のヒザを立てる

施術する側から横に座り、両手で太ももを挟むような形で、ヒザを外側から支える。

❸ベッドに横座りしてヒザを外側から支える

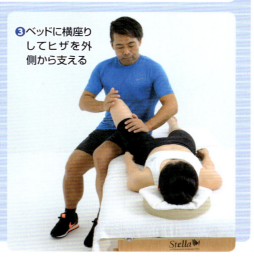

1 ヒザを外側から支える

ヒザを立たせて外側から支える。ヒザ頭から内転筋を斜めに見られるように座る

2 ターゲットと筋繊維の向きを確認

股下から太ももの中間点辺りにかけて広がる内転筋群を3カ所ほど捉える

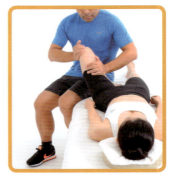

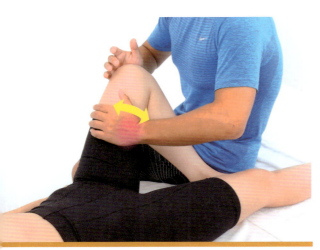

3 内転筋群の中間点が1カ所目

内ももの中間点あたりから転がさない手根で圧を加えながら行う

PART ❶ 疲労を取り除く！下半身マッサージ

転がさない
手根

4 付け根側に移動して2カ所

姿勢は変わらずに手根の
移動だけでOK

手根ひとつ分ほど太もも付け根側に動かして
転がさない手根でもむ

転がさない
手根

5 さらに付け根側が3カ所目になる

手根の移動だけで上体は
さほど変わらない

3カ所目はさらに手根ひとつ分ほど太もも付け根側
に移動して捉える

Point

○ ヒザを支える
反対の手でヒザ
を支えることで
筋肉に圧を加え
られる

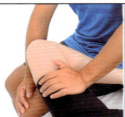

× 支えがない
ヒザを支えない
と効果的に圧を
加えられない

071

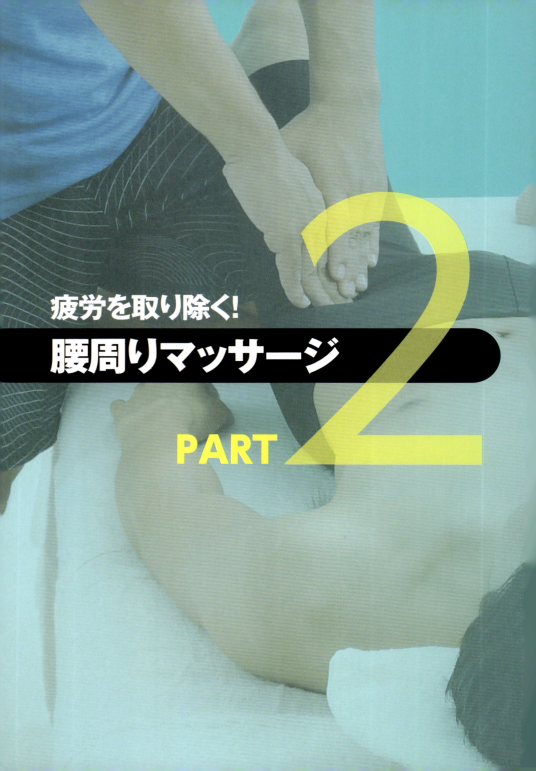

疲労を取り除く!
腰周りマッサージ

PART 2

腰周りスポーツマッサージの
ルールを確認しよう！

ルール ① マッサージの前に腰周りをさする

この章では骨盤に関わっている腰回りの筋肉を取り上げている。そのため、施術前の軽擦は下半身と背中の両方が必要になる。腰を行う前には背中の軽擦を、お尻（横）・太もも（外側）を行う前には下半身をうつ伏せで軽擦を、太もも（付け根）を行う前には下半身をあお向けで軽擦をそれぞれ行う。

施術前には必ずその部位をさすり筋肉のコンディションを把握する

ルール ② 疲労が溜まりやすい腰周りは入念に

腰痛は運動不足のサラリーマンだけがなる症状ではない。ダッシュやジャンプなど激しい動作を何度も繰り返しているアスリートは、腰周りへの負担もそれだけ大きくなる。上半身と下半身をつなぎ骨盤を安定させる役割もあるので、常に良好なコンディションを保てるように入念にケアしておこう。

腰周りの筋肉は骨盤を安定させる役割があるとても大切な筋肉だ

ルール ③ 鼠径（そけい）リンパ節は慎重に行う

太もも付け根には鼠径リンパ節がある。リンパ節とはリンパ管が集まるところであり、とても繊細な部分。強く圧をかけると痛みも伴うので、慎重に行う必要がある。

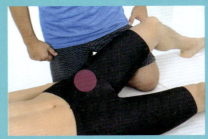

鼠径リンパ節は炎症を起こしやすいので痛みがある場合はまず受診すること

PART 2 腰周りマッサージ

腰

背骨に沿うように、首から骨盤まで背中を縦に走る脊柱起立筋。ここではそのうちの腰部に絞って施術を行う。

  停止部 **骨盤**（こつばん）

場所	腰部周辺を3カ所
回数	3～5回×3セットずつ
手技	転がさない手根、母指

① ② ③

脊柱起立筋

起始部 **頭がい骨**（ずがいこつ）

ターゲット 脊柱起立筋（せきちゅうきりつきん）

脊柱起立筋は背骨周囲にある複数の筋肉の総称。起始部は主に頭がい骨、停止部は骨盤。筋繊維は背骨に沿い下方に縦に入っている。

PART ❷ 疲労を取り除く！ 腰周りマッサージ

🔍 筋肉の働き

腰は疲労が溜まりやすい部位であり、日頃から運動をしているアスリートでさえ腰痛を抱えている人は多い。また長年同じ競技を続け、腰に絶えず負荷がかかっていると坐骨神経痛などの障害が起こることもあるので、その場合マッサージは止めて診断を受けること。

脊柱起立筋

脊柱起立筋はプレー中の姿勢保持に欠かせない

Basic Stance　マッサージの基本姿勢

背骨があるので真上から圧をかけるのは避けたい。そのため1歩下がり脊柱起立筋に斜めに圧をかける。

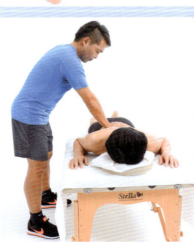

❶相手をうつ伏せで寝かせる

❷相手の腰に腕を伸ばす

❸そこから1歩後ろに下がる

075

1 ベッドから1歩下がる

腰椎に斜めから圧をかけたいので腕を伸ばした自然な立ち位置から1歩下がる

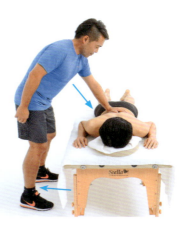

2 ターゲットと筋繊維の向きを確認

脊柱起立筋は背骨に沿って縦に走っている。ここではそのなかで腰部の1カ所がターゲット

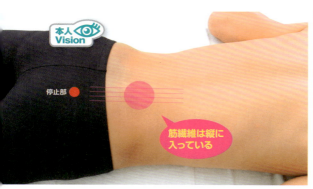

筋繊維は縦に入っている

3 転がさない手根で1カ所捉える

背中に上がっていくと肋骨があり圧が変わるので、腰部のみ1カ所へ斜めに圧をかける

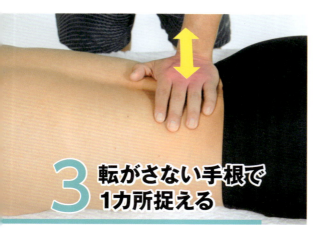

1歩下がって斜めから圧をかける

PART ❷ 疲労を取り除く！ 腰周りマッサージ

4 ターゲットと筋繊維の向きを確認

今度は手技を母指に変えてより繊細に3カ所捉える

5 母指で3カ所捉える

両手の母指を重ねて安定させた状態で、停止部側から3カ所捉える

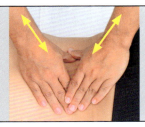

立ち位置は変わらず斜めに圧を加える

Point

○ **腕から動かす**
指だけではなく手首を固めて腕から動かすことで効果的に施術できる

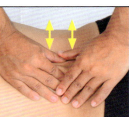

× **指だけを動かす**
母指だけを動かすと表面の皮をつまむようになり効果的ではない

DVD 2-2 腰周り お尻（横）

お尻の横にあるのは姿勢安定を助ける中殿筋。深層にあり一部は大殿筋に覆われていてわかりづらいが、スポーツでは骨盤を安定させるために欠かせない重要な部位。

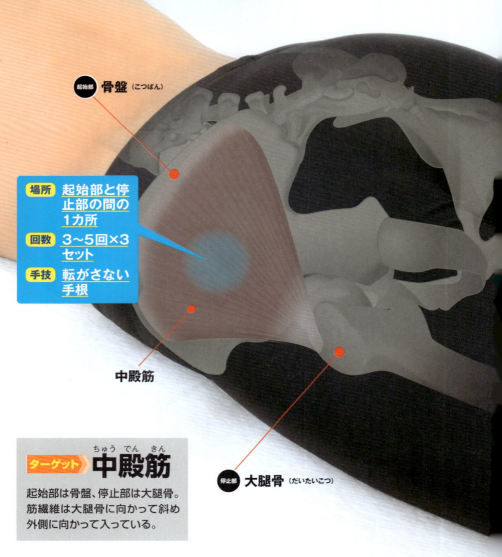

起始部 骨盤（こつばん）

場所	起始部と停止部の間の1カ所
回数	3〜5回×3セット
手技	転がさない手根

中殿筋

停止部 大腿骨（だいたいこつ）

ターゲット 中殿筋（ちゅうでんきん）
起始部は骨盤、停止部は大腿骨。筋繊維は大腿骨に向かって斜め外側に向かって入っている。

PART ❷ 疲労を取り除く！ 腰周りマッサージ

🔍 筋肉の働き

中殿筋はさまざまな動作に影響する爆発力のある筋肉。坐骨神経痛の原因になり他の神経症状との併発もあるため入念にケアしたい。ヒザのケガや股関節の柔軟性にも関係する。

中殿筋

片脚で踏ん張り安定して立つ動作で大きく作用する

Basic Stance　マッサージの基本姿勢

中殿筋に正対するために腰の横ではなく斜め前に立ち、圧を加えやすくするために足を前後に開く。

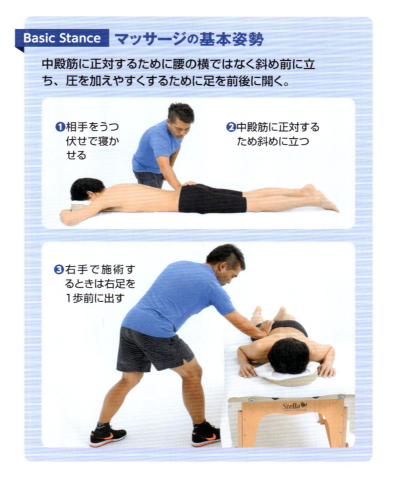

❶ 相手をうつ伏せで寝かせる

❷ 中殿筋に正対するため斜めに立つ

❸ 右手で施術するときは右足を1歩前に出す

079

1 やや肩側に立つ

中殿筋は骨盤から大腿骨に斜めに付いているので、やや肩側に立つことで正対できる

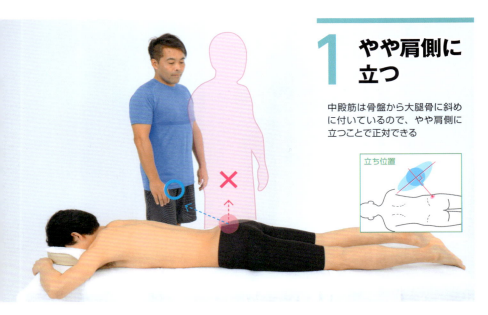

立ち位置

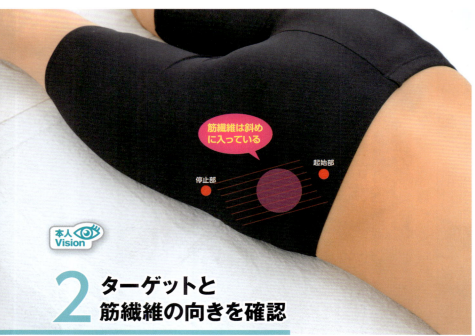

筋繊維は斜めに入っている

停止部　起始部

本人 Vision

2 ターゲットと筋繊維の向きを確認

起始部は骨盤、停止部は大腿骨。マッサージするポイントはその中間点の1カ所

PART ❷ 疲労を取り除く！ 腰周りマッサージ

後ろ足で地面を蹴ることで圧を強めることができる

転がさない
手根

下方向にもみ下ろすイメージ

3 手根で1カ所を捉える

筋繊維を切るようなイメージで3〜5回×3セット、リズミカルに下方向にもみ下ろす

Point

⭕ 下に押し込む
下方向に押し込むようにマッサージする

❌ 上面を滑る
力み過ぎて上面を滑ってしまうと圧がかからない

081

太もも（外側）

DVD 2-3 腰周り

中殿筋の前方にあるのが大腿筋膜張筋だ。ヒザ関節を安定させて前に送り出すといった役割を持ち、人がまっすぐ歩くためには欠かせない筋肉だ。

- 起始部　骨盤（こつばん）
- 大腿筋膜張筋

場所	中央部の1カ所
回数	3～5回×3セット
手技	転がさない手根

ターゲット　大腿筋膜張筋（だいたいきんまくちょうきん）

太ももの外側にある筋肉。起始部は骨盤、停止部は脛骨。筋繊維は下方に向かって縦に入っている。

PART ❷ 疲労を取り除く！ 腰周りマッサージ

筋肉の働き

股関節とつながっている大腿筋膜張筋をほぐすことで走るときのフォームや、それに関連した競技パフォーマンスの向上が期待できる。

大腿筋膜張筋

股関節の柔軟性はさまざまなスポーツで必要となる

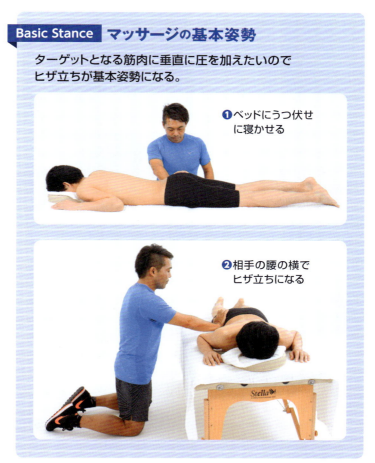

Basic Stance　マッサージの基本姿勢

ターゲットとなる筋肉に垂直に圧を加えたいのでヒザ立ちが基本姿勢になる。

❶ ベッドにうつ伏せに寝かせる

❷ 相手の腰の横でヒザ立ちになる

1 ヒザをついて中腰になる

中殿筋の下に手根を潜り込ませたいのでヒザをついて高さを合わせる

2 ターゲットと筋繊維の向きを確認

起始部は骨盤、停止部は脛骨。マッサージするターゲットはその中間点の1カ所

PART ❷ 疲労を取り除く！腰周りマッサージ

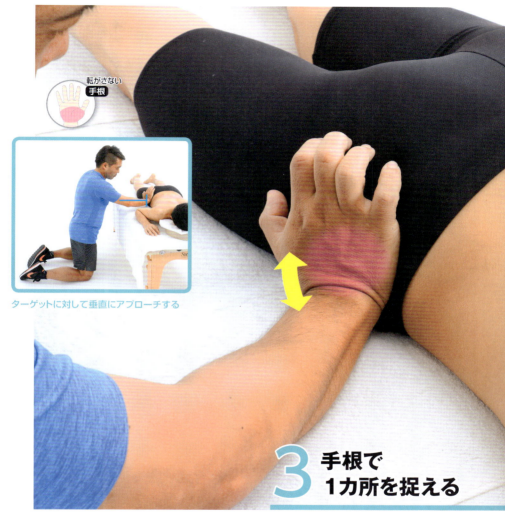

転がさない
手根

ターゲットに対して垂直にアプローチする

3 手根で1カ所を捉える

ターゲットの大腿筋膜張筋を捉えるとコリコリとした感触が確認できる

 Point

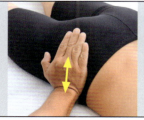

○ 筋繊維を切る
縦に入っている筋繊維を切るように上下に動かす

✕ 筋繊維と平行
筋繊維と同じ方向に手根を動かしては効果が薄い

085

腰周り

太もも（付け根）

太もも付け根には腸腰筋とリンパが集中している鼠径リンパ節があるので、過度な圧は控えて慎重に行いたい。

起始部 **背骨**（せぼね）

大腰筋（だいようきん）

場所	太ももの付け根を1カ所
回数	3～5回×3セットずつ
手技	四指

起始部 **骨盤**（こつばん）

腸骨筋（ちょうこつきん）

停止部 **大腿骨**（だいたいこつ）

 ターゲット
腸腰筋（ちょうようきん）
大腰筋と腸骨筋の総称。起始部は背骨と骨盤、停止部は大腿骨。筋繊維は下方に向かって縦に入っている

 ＋ターゲット
鼠径リンパ節（そけい）
太ももの付け根にある。上半身と下半身のリンパ節が集中する部位。

PART ❷ 疲労を取り除く！ 腰周りマッサージ

筋肉の働き

腸腰筋は細い筋肉だがスプリント系の選手は肉離れを起こすこともある。足を引き上げる動作などで大きく作用するため短距離系の選手に特に大切。

短距離のスタートでは腸骨筋で足を引き上げる

Basic Stance マッサージの基本姿勢

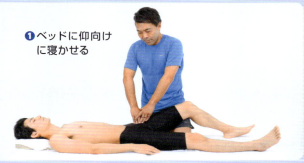

❶ベッドに仰向けに寝かせる

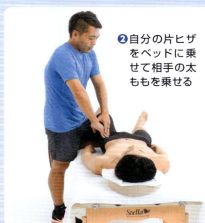

❷自分の片ヒザをベッドに乗せて相手の太ももを乗せる

相手の足を軽く曲げて太もも付け根の筋肉を緩ませてから行う。

1 太もも付け根を緩ませる

自分の太ももに相手の足を乗せてヒザを曲げさせることで鼠径部の筋肉が緩む

2 ターゲットと筋繊維の向きを確認

太もも付け根の鼠径部周囲を1カ所四指で捉える

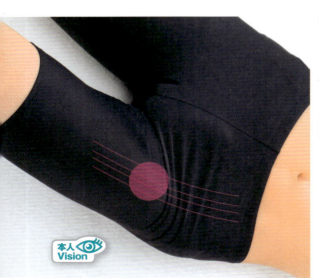

PART ❷ 疲労を取り除く！ 腰周りマッサージ

四指

片足立ちでうまくバランスを取る

3 鼠径リンパは優しく圧をかける

圧を強くかけると痛みを伴うので両手の四指を重ねて安定させて優しく圧をかける

Point

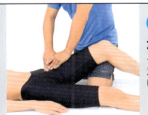

⭕ 左足に乗せる
ターゲットが左足のときは左足に乗せる

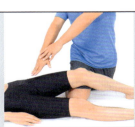

❌ 右足に乗せる
右足に乗せると手が離れてしまう

089

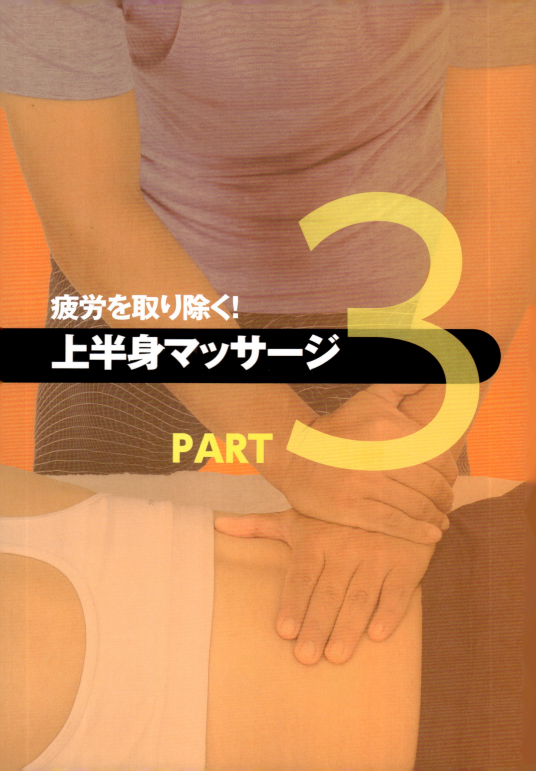

疲労を取り除く!
上半身マッサージ

PART 3

上半身スポーツマッサージの
ルールを確認しよう！

ルール❶ マッサージの前に背中側をさする

上半身の施術前に行う軽擦はうつ伏せで腰から背中のみでOK。左右の背中を3本ずつのラインで腰から肩に向かってさする。あお向けになってお腹や腕の軽擦はとくに行う必要はない。

上半身の施術前には背中側の軽擦を行う

ルール❷ 体幹→首→腕→手の順番で行う

この章に掲載されている部位をすべて行う場合は、まずうつ伏せになってもらい、背骨に沿って背中、肩甲骨の間、首と上がっていき、最後に肩甲骨を施術する。そこから受け手に仰向けになってもらい鎖骨とワキの下、腕と手に移るとスムーズに行える。

上半身は体幹部を先に行い徐々に末端部へ移る

ルール❸ リンパ節周囲は慎重に行う

上半身の施術でもリンパ節を扱う部位がある。ひとつは鎖骨にある鎖骨リンパ節。もうひとつはワキの下にある腋窩(えきか)リンパ節。ともに老廃物を排出するためには重要な部位なので圧に気をつけながら慎重に行う。

鎖骨にある鎖骨リンパ節とワキの下にある腋窩リンパ節

DVD 3-1 上半身

背中

長い脊柱起立筋のうち、ここでは腰の上
辺りから肩甲骨の間までがターゲット。
手根と母指を的確に使い分けよう。

起始部 **頭がい骨**
（ずがいこつ）

場所	脊柱起立筋中央部を4カ所
回数	3～5回×3セットずつ
手技	転がさない手根、母指＋手根

④

③

脊柱起立筋

②

①

ターゲット **脊柱起立筋**
（せき ちゅう き りつ きん）

背骨を支えている脊柱起立筋のうち、こ
こでは腰上から肩甲骨の間までを狙う。
主な起始部は頭がい骨、停止部は骨盤。
筋繊維は下方に縦に入っている。

停止部 **骨盤**（こつばん）

PART ❸ 疲労を取り除く！上半身マッサージ

筋肉の働き

背骨に沿うように付く長い筋肉で、姿勢を保持する動きに作用する。この筋肉が弱いと背骨と背骨をつなぐ軟骨がつぶれる脊柱管狭窄症という障害を起こすことも。

脊柱起立筋

運動時の姿勢保持には脊柱起立筋が欠かせない

Basic Stance マッサージの基本姿勢

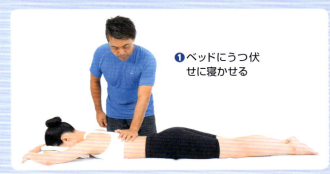

❶ ベッドにうつ伏せに寝かせる

❷ 相手の背中の横に立つ

❸ 1歩下がって手を伸ばす

背中に手を置いてかるく1歩下がることで圧を真下ではなく斜めに加えることができる。

093

1 ターゲットと筋繊維の向きを確認

肋骨のふくらみから肩甲骨の中央付近までの4カ所がターゲット

2 転がさない手根で4カ所を捉える

筋肉の下には肋骨があるため腰部の約1/3の圧で優しくリズミカルにもむ

ベッドから1歩下がりターゲットに斜めに圧を加える

PART ❸ 疲労を取り除く！上半身マッサージ

腰部時の1/3程度の圧で優しく行う

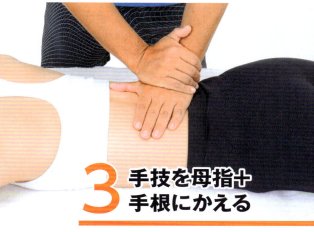

3 手技を母指＋手根にかえる

母指と手根で圧を加える。母指は背骨と平行に伸ばし、反対の手は手首をおさえて安定させる

手根の位置に合わせて移動しながら行う

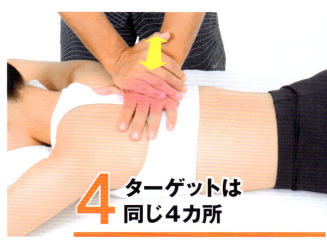

4 ターゲットは同じ4カ所

母指と手根でより広範囲に圧をかけながら、1にある4カ所をもんでいく

Point

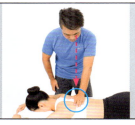

⭕ **手根に合わせる**
手根の上に顔が来るように随時移動しながら行う

❌ **移動しない**
立ち位置がスタートのままだと正確に圧を加えられない

095

DVD 3-2 上半身

肩甲骨の間

肩甲骨の柔軟性に影響を与える菱形筋がターゲット。
あらゆるスポーツで使われる部位だが、選手自身では
ほぐしづらい部位でもあるのでしっかりケアしよう。

起始部 背骨（せぼね）

③ ② ①

場所	肩甲骨から背骨に向かって3カ所
回数	3〜5回×3セットずつ
手技	母指、四指

菱形筋

停止部 肩甲骨（けんこうこつ）

ターゲット 菱形筋（りょうけいきん）

起始部は背骨、停止部は肩甲骨。筋繊維は肩甲骨へ斜め下方向に入っている。

PART ❸ 疲労を取り除く！上半身マッサージ

筋肉の働き

主に肩甲骨を背中側に引き寄せるような動作で作用する。小さい筋肉ではあるが、肩関節の可動域やフォームの大きさ、姿勢維持などパフォーマンスに大きな影響を与えている。

菱形筋

菱形筋が柔軟であれば腕がよく振れてダイナミックなフォームになる

Basic Stance マッサージの基本姿勢

❶相手をうつ伏せで寝かせる

❷頭側と肩の間に立つ

背骨から肩甲骨に斜めに筋繊維が入っている菱形筋に正対するために頭と肩の間に立つ。

097

1 頭と肩の間に立つ

菱形筋は背骨から肩甲骨に向かって付いているので頭と肩の間に立ち筋肉に正対する

2 ターゲットと筋繊維の向きを確認

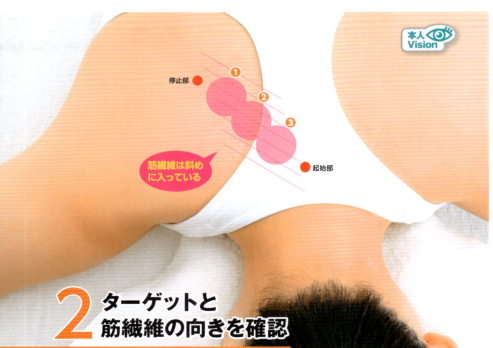

筋繊維は斜めに入っている

背骨側の起始部、肩甲骨側の停止部、そしてその中間点の3カ所を捉える

PART ❸ 疲労を取り除く！上半身マッサージ

3 3カ所を母指で捉える

頭と肩の間からアプローチして筋繊維を切るように圧を加える

肩甲骨から背骨に向かって3カ所を母指でリズミカルにもんでいく

4 手技を四指に変える

肩甲骨の下に指先を入れたいので右肩には右手の四指を使う

筋肉に対してより繊細にアプローチするために母指から四指に変えて同じ3カ所をもむ

Point

○ 右肩には右手の四指
右手の四指を使うことで肩甲骨の裏側に指先を入れられる

✕ 右肩に左手の四指
左手の四指を使うと肩甲骨の裏側に指が入りづらい

099

DVD 3-3 上半身

首の下部

成人で6kg前後ある頭部を支えているのが首の付け根にある僧帽筋。視神経ともつながっているため疲労を溜め込みやすいのでしっかりケアしておこう。

場所	首の付け根から停止部までを3カ所
回数	3〜5回×3セットずつ
手技	母指、四指

僧帽筋

停止部 肩甲骨 (けんこうこつ)

① ② ③

起始部 頭がい骨 (ずがいこつ)

ターゲット **そう ぼう きん 僧帽筋**

主な起始部は頭がい骨と背骨、停止部は肩甲骨。筋繊維は首や背骨から肩に向かって入っている。

PART ❸ 疲労を取り除く！上半身マッサージ

🔍 筋肉の働き

僧帽筋は首から背中まで大きく広がっているため役割も上部、中部、下部で異なるが、首の付け根の上部は視神経とつながっているので目を酷使すると凝りやすい。また重い物を持つ時などに肩甲骨を保持する役割もある。

僧帽筋

体幹の安定をもたらすためラグビーやボクシングなどではまず鍛えるべき重要な部位

Basic Stance　マッサージの基本姿勢

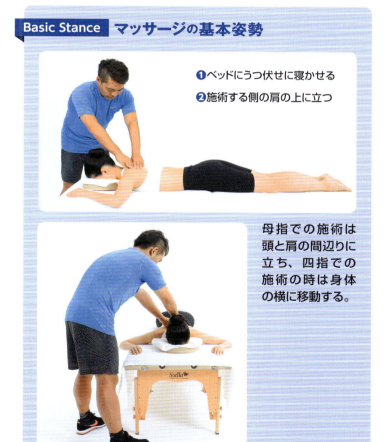

❶ベッドにうつ伏せに寝かせる
❷施術する側の肩の上に立つ

母指での施術は頭と肩の間辺りに立ち、四指での施術の時は身体の横に移動する。

101

1 肩側に立つ

母指で施術するときは頭と肩の45度くらいの角度に立つことでターゲットに正対できる

立ち位置

2 ターゲットと筋繊維の向きを確認

首の付け根から肩に向かう3カ所がターゲット。筋繊維は首から肩に向かって斜め横方向に入っている

筋繊維は首から肩に向かっている

3 母指で3カ所捉える

首の付け根から肩に向かって重ねた母指で指1本分ほどずらしながら3カ所捉える

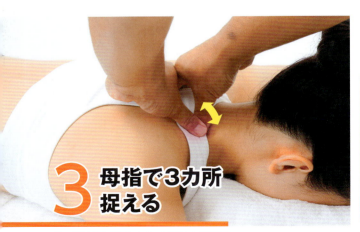

母指

肩口に立つことで筋肉に正対できる

PART ❸ 疲労を取り除く！ 上半身マッサージ

4 立ち位置を横に移動する

右肩をマッサージするとき左肩の横辺りに移動。手技は母指から四指に変わる

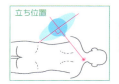

5 四指で同じように3カ所捉える

起始部と停止部は筋肉が小さいので小さく動かし、中間点は大きいので大きく動かす

ターゲットが右肩なら右手でもむ

Point

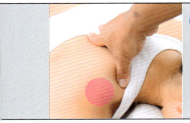

○ 停止部付近
3カ所目は肩の停止部付近だが肩の骨には触れない

✕ 肩の骨に触れる
肩の停止部付近を越えて肩の骨に触れると痛みを感じる

103

DVD 3-4 上半身

首の上部

前ページの「首の付け根」よりもう少し上に移り、僧帽筋の起始部付近がターゲット。疲労が蓄積されやすい部位なのでしっかりケアしよう。

起始部 **頭がい骨**（ずがいこつ）

② ①

起始部 **背骨**（せぼね）

場所	起始部付近を2カ所
回数	3〜5回×3セット
手技	母指

僧帽筋

停止部 **肩甲骨**（けんこうこつ）

ターゲット 僧帽筋（そうぼうきん）

上、中、下部の繊維に分類されるうち、ここでは上部。主な起始部は頭がい骨、停止部は肩甲骨。筋繊維は首から肩に沿うように入っている。

PART ❸ 疲労を取り除く！上半身マッサージ

筋肉の働き

サッカーやバスケットボールなど360度の視野が必要な競技では、常に首を振って周囲を確認する。使っている意識はなくても大きなストレスがかかる部位である。また頭の血流を良くするためにも入念に行いたい。

僧帽筋

視野を確保するために首を振る競技で大きなストレスがかかる

Basic Stance　マッサージの基本姿勢

❶ベッドにうつ伏せに寝かせる

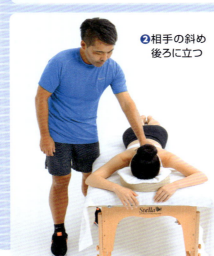

❷相手の斜め後ろに立つ

右側がターゲットのとき左手で行う。およそ胸部の横辺りに立つとちょうどよい。

105

1 やや斜め後ろに立つ

右側をマッサージするときは真横ではなく右側斜め後ろに立ち、左手で施術する

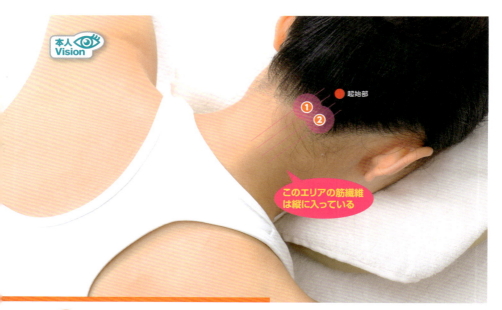

2 ターゲットと筋繊維の向きを確認

起始部付近でもある頭から首にかけてカーブしている周囲2カ所がターゲット

PART ❸ 疲労を取り除く！上半身マッサージ

3 1カ所目は後頭部の下

右足を1歩前に出すと自然に腕を出せる

後頭部がカーブして首に移行する辺りが1カ所目。母指でリズムよくもむ

4 少し外側にずらし2カ所目

ターゲットが狭いので上体はさほど動かない

指1つ分ほど外側へずらす。眼球に向かってほぐしていくイメージで行う

Point

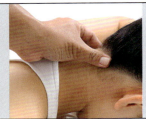

後頭部から首
後頭部のカーブが終わり首にかかる周囲がターゲット

耳の裏
耳の裏はターゲット外。痛みを感じやすい部位なので注意

肩甲骨

DVD 3-5 上半身

上腕を回旋させる回旋筋腱板（かいせんきんけんばん）（ローテーターカフ）を形成する筋肉のひとつであり、腕を振る競技では念入りにケアしたい。

場所	中間点を1カ所
回数	3〜5回×3セットずつ
手技	転がさない手根、四指

起始部 肩甲骨（けんこうこつ）

停止部 上腕骨（じょうわんこつ）

棘下筋

ターゲット 棘下筋（きょくかきん）

回旋筋腱板を形成する筋肉のひとつ。起始部は肩甲骨、停止部は上腕骨。筋繊維は肩甲骨から肩に向かって斜め上に入っている。

PART ❸ 疲労を取り除く！上半身マッサージ

筋肉の働き

肩を回す動作で大きく作用する筋肉のひとつ。酷使すると投手が陥りやすい野球肩の原因となる。筋肉の奥に神経が通っているので、長時間で施術すると痛みがあるので注意しよう。

棘下筋

野球以外にも肩を回す競技では大きく作用する

Basic Stance マッサージの基本姿勢

❶ベッドにうつ伏せに寝かせる

❷相手の斜め後ろに立つ

腰の横辺りに立ちワキに向かって斜めに腕を伸ばすことで筋肉に正対できる。

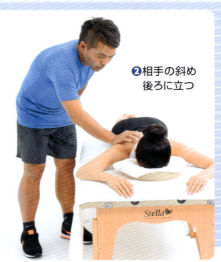

109

1 やや斜め後ろに立つ

両腕を頭の横に上げてもらい、ワキの下辺りに立ち筋肉に正対する

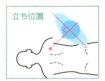

2 ターゲットと筋繊維の向きを確認

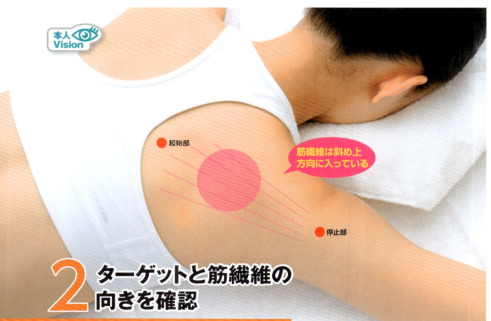

起始部は肩甲骨、停止部は上腕骨。筋繊維は上腕骨に向かって斜め上方向に入っている。

PART ❸ 疲労を取り除く！上半身マッサージ

転がさない
手根

右側がターゲットのときは右手で行う

3 転がさない手根で1カ所捉える

肩甲骨は腕の神経があるので軽めの圧でもんでいく

四指

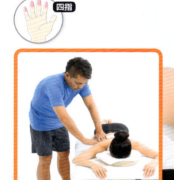

立ち位置は変わらず両足並行で立つ

4 手技を四指に変えて1カ所

より繊細にアプローチするため手技を両手、または片手の四指に変える

Point

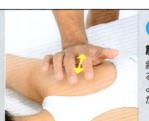

⭕ 筋繊維に直角
斜め上方向に入る筋繊維を切るように直角に動かす

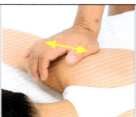

❌ 筋繊維に平行
筋繊維に沿って手根を動かすと効果は薄い

111

鎖骨の下

DVD 3-6 上半身

鎖骨の下にある大胸筋は比較的大きな筋肉ではあるが、ここには鎖骨リンパ節もあるので圧のコントロールは慎重に行いたい。

場所	鎖骨の下を1カ所
回数	3〜5回×3セット
手技	四指

- 起始部 鎖骨（さこつ）
- 大胸筋
- 起始部 胸骨（きょうこつ）
- 停止部 上腕骨（じょうわんこつ）

ターゲット　大胸筋（だいきょうきん）

胸部の大部分を覆う比較的大きな筋肉。主な起始部は鎖骨と胸骨。停止部は上腕骨。筋繊維は停止部に向かって横に入っている。

⊕ターゲット　鎖骨リンパ節

鎖骨の周囲には鎖骨リンパ節があり、体内のすべてのリンパが合流する重要なところ。

PART ❸ 疲労を取り除く！上半身マッサージ

🔍 筋肉の働き

大胸筋は上腕を上げたり、回したりと腕を動かすほぼすべての動作に作用している。また、胸骨、鎖骨、上腕骨に付着しているので肩関節の安定にも欠かせない。

水泳や野球やテニスなど肩の回旋動作がある競技では大きく作用する

Basic Stance　マッサージの基本姿勢

❶ 仰向けに寝かせる
❷ 相手の肩の横に立つ

相手の肩の横に両足を並行にして立つ。左肩に対しては右手で筋肉に直角にアプローチする。

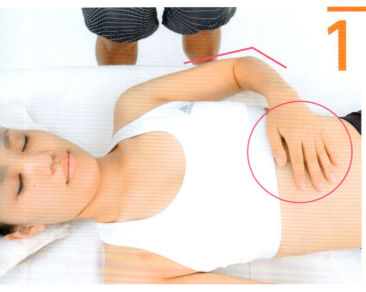

1 ヒジを曲げて お腹に乗せる

相手のヒジを曲げさせてお腹に乗せることでターゲットの筋肉を緩めることができる

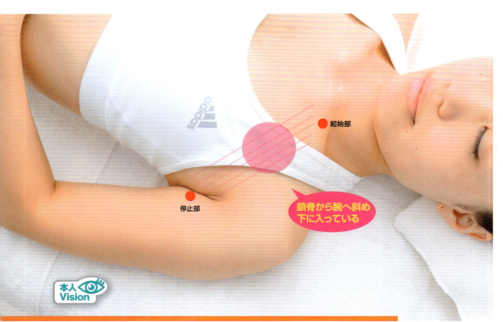

2 ターゲットと筋繊維の向きを確認

鎖骨にある起始部から上腕にある停止部の中間点を1カ所捉える

PART ❸ 疲労を取り除く！上半身マッサージ

四指

まっすぐ立ったまま腕を伸ばす

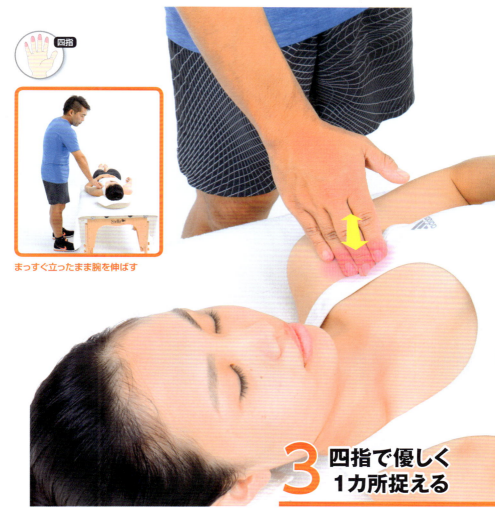

3 四指で優しく1カ所捉える

鎖骨リンパ節があるので圧を軽めにコントロールして鎖骨に当たらないようにもむ

Point

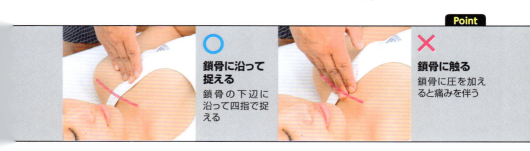

⭕ **鎖骨に沿って捉える**
鎖骨の下辺に沿って四指で捉える

❌ **鎖骨に触る**
鎖骨に圧を加えると痛みを伴う

115

DVD 3-7 上半身

ワキの下

筋肉をほぐすのではなく主にリンパを流す
のが目的。他の部位の3分の1以下の圧で、
丁寧にやさしく行おう。

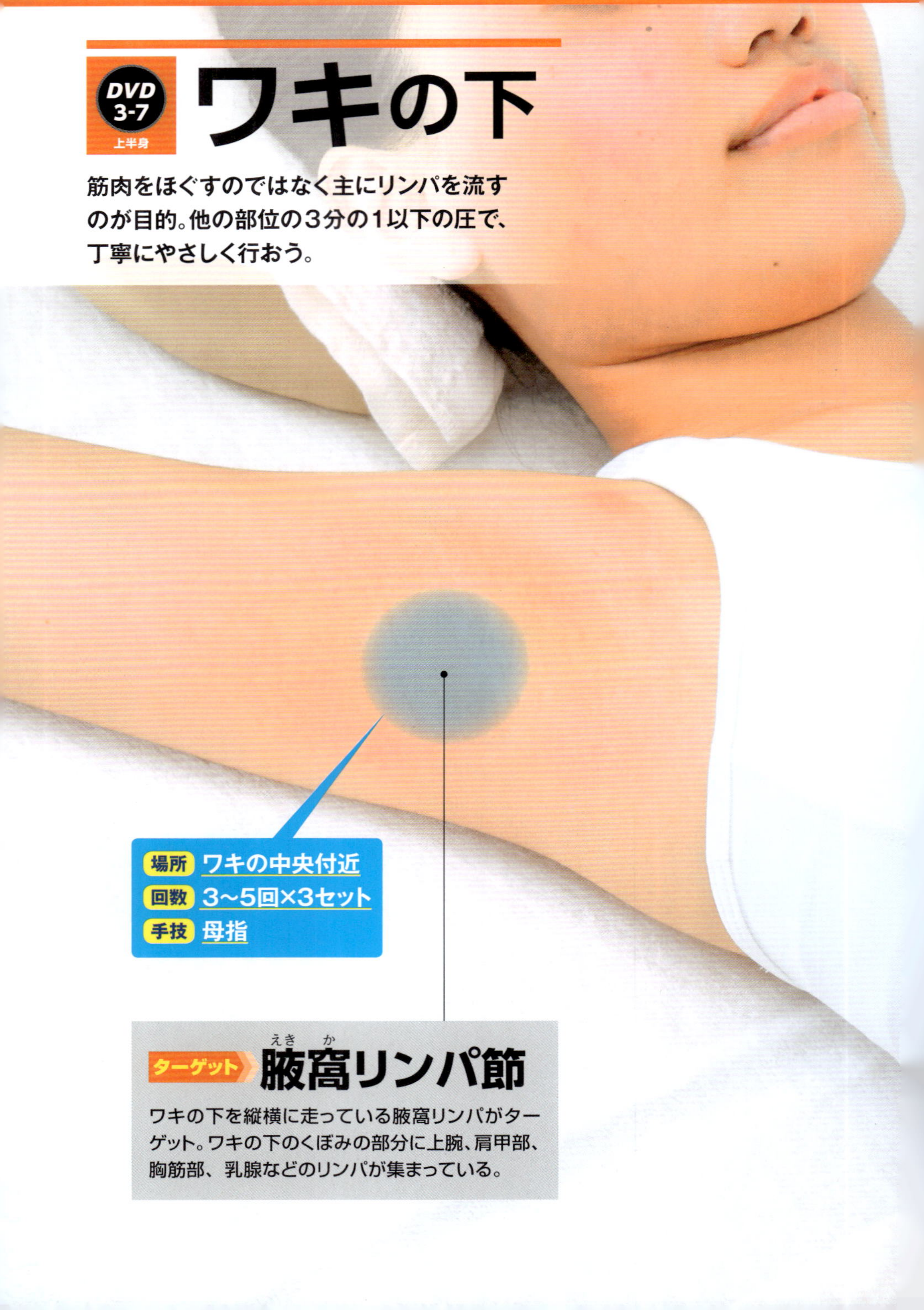

場所	ワキの中央付近
回数	3〜5回×3セット
手技	母指

ターゲット 腋窩リンパ節（えきか）

ワキの下を縦横に走っている腋窩リンパがター
ゲット。ワキの下のくぼみの部分に上腕、肩甲部、
胸筋部、乳腺などのリンパが集まっている。

PART ❸ 疲労を取り除く！上半身マッサージ

🔍 筋肉の働き

筋肉ではないのでリンパ節に正確にアプローチして流れを良くすることが大切。肩こりや首の疲労にも影響する。特になで肩の人は流れが悪くなりがちなので気をつけたい。

腕にダルさを感じる前にしっかりとケアしておきたい

Basic Stance マッサージの基本姿勢

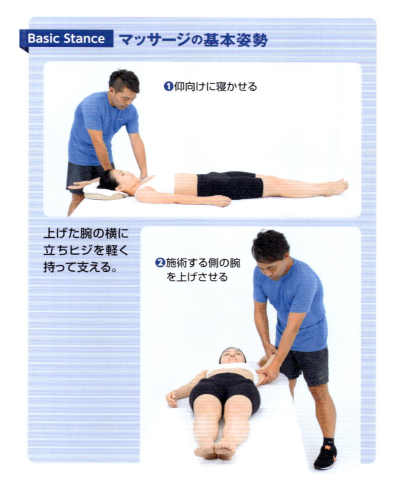

❶仰向けに寝かせる

上げた腕の横に立ちヒジを軽く持って支える。

❷施術する側の腕を上げさせる

117

1 ヒジを軽く曲げて頭の横に上げる

施術する左ワキを緩ませるために曲げたヒジを右手でつかみ、頭の上に向けさせる

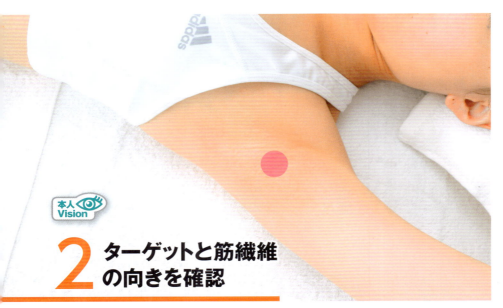

2 ターゲットと筋繊維の向きを確認

ターゲットはワキの下のややくぼんだところ。ここは縦横にリンパが通っている

PART ❸ 疲労を取り除く！ 上半身マッサージ

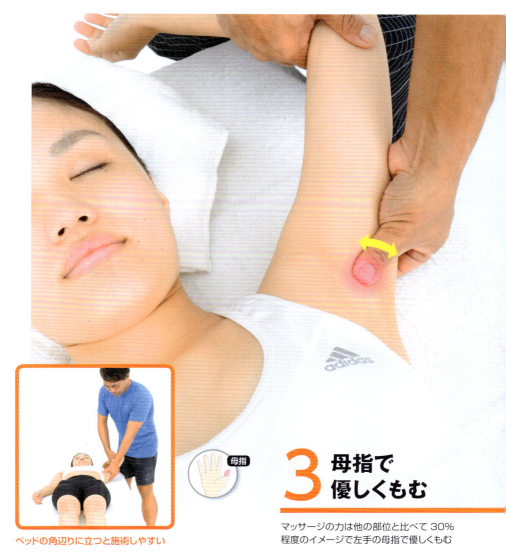

ベッドの角辺りに立つと施術しやすい

3 母指で優しくもむ

マッサージの力は他の部位と比べて30％程度のイメージで左手の母指で優しくもむ

Point

⭕ 母指の面を当てる
母指の面全体を使って優しくみほぐす

❌ 鋭く入る
母指を立てると痛みを伴うので注意しよう

119

DVD 3-8 上半身

前腕

野球やテニスなど道具をつかんで振ったり投げたりする競技では疲労がたまりやすい。試合後のケアは念入りに。

場所1	伸筋群の起始部から停止部の4〜5カ所
場所2	屈筋群の起始部から停止部の4〜5カ所
回数	3〜5回×3セットずつ
手技	母指

起始部 **上腕**（じょうわん）

前腕屈筋群

前腕伸筋群

停止部 **手の甲**（手のひら）

ターゲット 前腕伸筋群（ぜん わん しん きん ぐん）

ヒジを伸ばす動きに作用する筋肉の総称。主な起始部は上腕で、停止部は手の甲。筋繊維は手に向かって縦に入っている。

ターゲット 前腕屈筋群（ぜん わん くっ きん んぐ）

ヒジを曲げる動きに作用する筋肉の総称。主な起始部は上腕で、停止部は手のひら。筋繊維は手に向かって縦に入っている。

PART ❸ 疲労を取り除く！上半身マッサージ

🔍 筋肉の働き

握力に影響を与える筋肉のひとつなので、野球やテニスなど道具を持つ競技で使われやすい。前腕が硬くなると手首やヒジのパフォーマンスにも影響するのでトレーニング後や試合後は念入りにケアしたい。

ヒジの屈曲や伸展、握力を発揮するときなどに使う筋群だ

SAMURAI JAPAN/Getty Images

Basic Stance　マッサージの基本姿勢

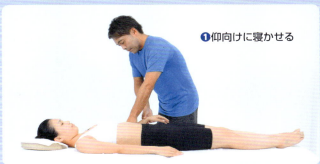

❶仰向けに寝かせる

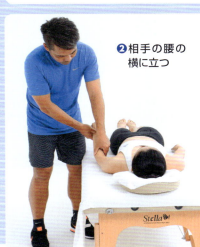

❷相手の腰の横に立つ

これは伸筋群の基本姿勢になり、屈筋群を施術する時は立ち位置を肩の横に変える。

1 手首を軽く持ち上げる

左腕がターゲットの場合は右手で手首を持ち、手の甲を上に向けながら軽く持ち上げる

2 ターゲットと筋繊維の向きを確認

ヒジ下の外側にある前腕伸筋群の起始部付近の4〜5カ所がターゲットになる

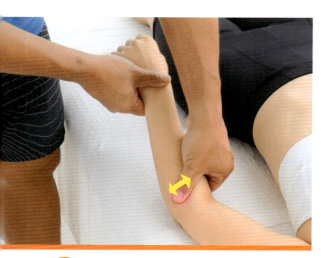

右手で手首をつかみ左手で施術する

3 母指で4〜5カ所捉える

起始部付近から指2本分ずつ下にずらしていき、3〜5回×3セットずつ行う

PART ③ 疲労を取り除く！上半身マッサージ

4 腕を上に向ける

今度は肩の横に移動してヒジを軽く曲げた状態で腕を上げさせる

5 ターゲットと筋繊維の向きを確認

ヒジ下の内側にある前腕屈筋群の起始部付近の4～5カ所がターゲット

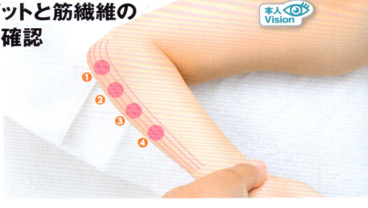

6 母指で4～5カ所捉える

先ほどと同じく起始部付近から指2本分ずつ下にずらし3～5回×3セット

肩の横に立ち左手手首をつかみ右手で施術

123

手のひら

DVD 3-9 上半身

手部には小さな筋肉がたくさんあり、神経が無数に通っている。その一つひとつを母指を使ってもみほぐしていこう。

- **場所** 手のひら、指
- **回数** 適宜
- **手技** 母指

ターゲット 手部の各筋肉

手部にはそれぞれの指につながる筋肉がある。起始部は手部の根元（手首側）で、停止部はそれぞれの指に付着している。筋繊維はそれぞれの指に向かって入っている。

PART ❸ 疲労を取り除く！上半身マッサージ

筋肉の働き

手のひらをほぐすと緊張感を和らげる効果がある。運動の前後はもちろん、競技に関わらず、リラックスした睡眠を促すといった効果も得られる。

手部の各筋肉

手のひらをほぐすと緊張感を和らげる効果がある

Basic Stance　マッサージの基本姿勢

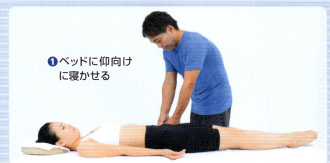

❶ベッドに仰向けに寝かせる

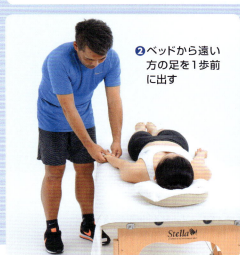

❷ベッドから遠い方の足を1歩前に出す

相手の腕が伸び切る位置に立ち、腕を脱力させた状態で行う。

125

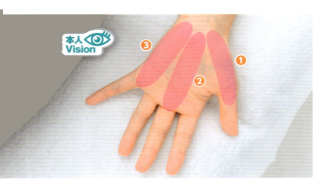

1 ターゲットを確認

手首から指先に向かって親指、中指、小指の3本のラインを確認する

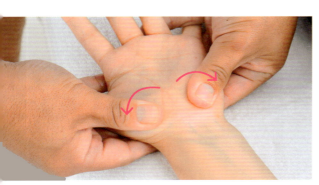

2 手のひらを開かせる

相手の手のひらを開くようにつかみ、ベッドに置いて安定させる

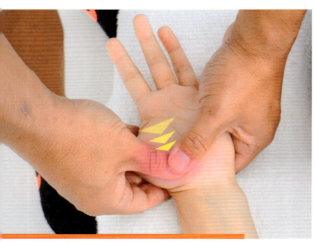

足を前後に開いて姿勢を安定させる

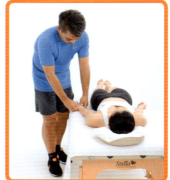

3 母指側のライン

相手の親指のラインから両手の母指をリズミカルに動かして母指の付け根までもんでいく

PART ❸ 疲労を取り除く！上半身マッサージ

4 中指のライン

手首から中指に向かうラインが2本目。同じようにリズミカルにもんでいく

5 小指側のライン

小指へ向かうラインが3本目。小指の付け根まで同じようにもんでいく

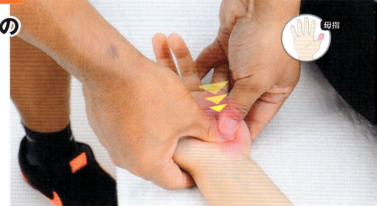

6 五指を順番にほぐす

片手で手首を押さえて五指を軽く引っ張りながらほぐす。中指で手を替えると持ちやすい

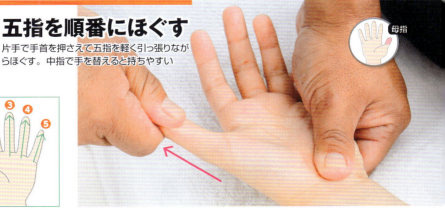

127

関節可動域を広げる!
ペアストレッチ

PART 4

関節可動域を広げるメリット

メリット ① 筋肉系のケガ予防につながる

関節可動域が狭いということは、その関節周りにある筋肉が硬い可能性がある。たとえば、股関節周りにある太ももやお尻の筋肉が硬いと開脚ができない。日常生活ではその硬さはあまり気にならないが、スポーツになると大きなリスクになる。とくに太ももやお尻など下半身の筋肉には大きな負荷がかかるので、筋肉に柔軟性がないと衝撃に耐えきれずに肉離れなど筋肉系のケガを起こしやすい。そのようなケガを未然に防ぐために、筋肉を柔軟にして関節可動式を正常に保っておく必要がある。

メリット ② 運動パフォーマンスが上がる

運動パフォーマンスを上げる身体の使い方として大切なことのひとつは、体幹と四肢の連動性。身体の軸を保持しながら四肢を大きく動かすことで、パワーやキレが生まれる。肩関節や股関節の可動域が広ければ、それだけ大きな力が生まれるが、逆に可動域が狭いとパワーをロスすることになる。たとえばゴルフ。身体の軸をつくったままバックスイングをするには肩関節の柔軟性が必要だ。ここが硬いとバックスイングをする度に体幹も引っ張られ軸がブレる。これではヘッドが走らずスイングスピードが上がらない。

ゴルフのバックスイングに見る関節可動域の重要性

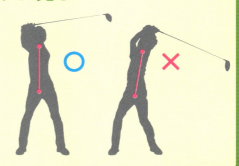

肩関節可動域が狭いとバックスイングをした時に身体が引っ張られ軸がブレる。軸を保って大きくバックスイングするには肩関節周りの筋肉を柔軟にしておくことが必要だ。

肩関節のペアストレッチ❶
首肩ストレッチ

DVD 4-1 ペアストレッチ

施術の目安 **10秒**

耳の裏と肩の間を左右に広げるように力を加えて首〜肩を伸ばすストレッチ。しっかり伸ばすには足を開き重心を下げて行うことが大切だ。

1 半身で寝た相手の後方に立つ

曲げている方のヒザ下にタオルを敷いて姿勢を安定させる

2 ワキに左腕を通してそのまま肩をつかむ

自分の左腕を相手のワキに通して四指でしっかりと相手の肩をつかむ

足を前後に開いて自分の姿勢を安定させる

PART ❹ 関節可動域を広げる！ペアストレッチ

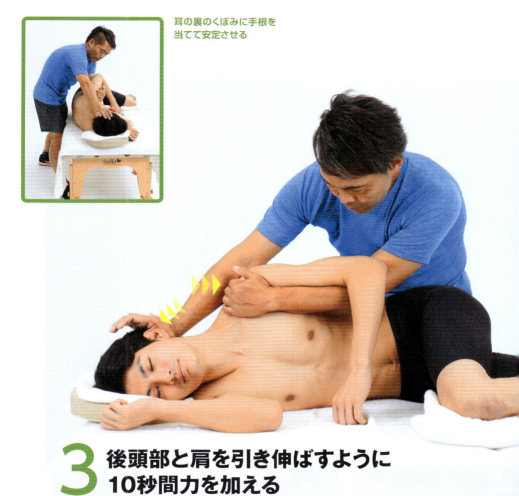

耳の裏のくぼみに手根を
当てて安定させる

3 後頭部と肩を引き伸ばすように 10秒間力を加える

右手で後頭部を押し付けながら左手で肩を手前に引く
ことで首の筋肉が伸びる

Point

⭕ **足を開く**
足を大きく開く
ことで重心が下
がり姿勢が安定
する

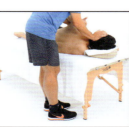

❌ **足を閉じる**
肩側で足を閉じ
て立つとしっかり
引き伸ばせない

131

DVD 4-2 ペアストレッチ

肩関節のペアストレッチ❷
肩甲骨前回し

施術の目安 **10回転**

肩甲骨を前に回すストレッチ。肩甲骨を手のひらで前に押し込むと、深い位置から大きく回すことができる。

1 半身で横になった相手の後方に立つ

ヒザを90度に曲げて下にタオルを敷き安定させる

2 ワキの下から腕を通し肩をつかむ

左肩甲骨を行うときは左腕をワキの下から通して肩をつかむ

足を前後に開くと安定する

PART ❹ 関節可動域を広げる！ペアストレッチ

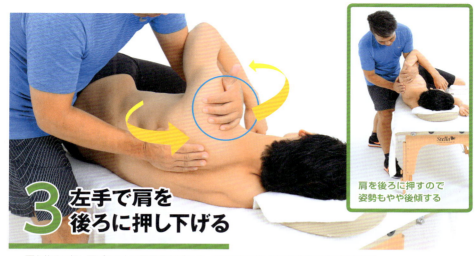

3 左手で肩を後ろに押し下げる

肩を後ろに押し下げることで肩甲骨を浮かせ、その浮き出た肩甲骨を手のひらで支える

肩を後ろに押すので姿勢もやや後傾する

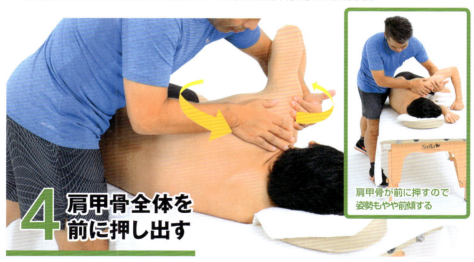

4 肩甲骨全体を前に押し出す

浮き出た肩甲骨を下から上へ押し上げるように深く大きく回す。
3と4を繰り返すことで肩甲骨が大きく動く

肩甲骨が前に押すので姿勢もやや前傾する

Point

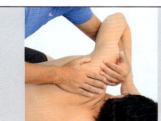

⭕ **肩甲骨を面で捉える**
手のひらで肩甲骨の面を捉えて押す

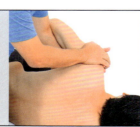

❌ **肩を押す**
肩を押すと肩甲骨はあまり動かない

133

肩関節のペアストレッチ❸
肩甲骨後ろ回し

DVD 4-3 ペアストレッチ

施術の目安 **10**回転

肩甲骨を前から後ろへ回す。肩甲骨の背骨に近い位置をおさえながら後方へ引くことで深く大きく回せる。

1 半身で横向きに寝かせる

横向きに寝かせ上の足のヒザを90度くらい曲げてタオルを敷いて安定させる

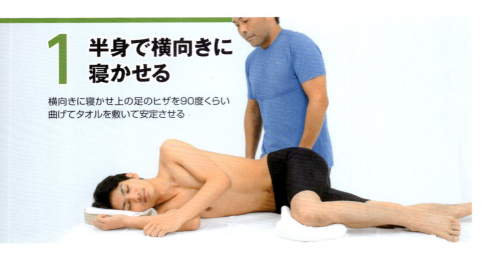

2 ワキの下から腕を通し肩をつかむ

手のひらを肩甲骨の背骨に近い位置に添える

ワキの下を通した腕で肩をつかむ。反対の手で肩甲骨をおさえて立てる

PART ❹ 関節可動域を広げる！ペアストレッチ

3 肩甲骨を後ろに押し上げる

右手でしっかり肩甲骨を支えている

肩甲骨に添えた手のひらで支えつつ、左手で肩を押しながら上げていく

4 肩甲骨を前に押し出す

肩甲骨を上から押し下げている

押し出された肩甲骨を押し下げるように前に出すことで、肩甲骨を大きく後ろ回しすることができる

Point

○ 腕をワキに通す
ワキの下から腕を通すと肩甲骨をうまく脱力させられる

✕ ワキを通さない
ワキを通さないとワキが締まっているため肩甲骨が出てこない

135

肩関節のペアストレッチ❹
肩甲骨リフト

DVD 4-4 ペアストレッチ

施術の目安 **5秒×3回**

肩甲骨を持ち上げ、肩甲骨周囲にあるインナーマッスルをストレッチ。肩甲骨がはがれない場合は無理をしないこと。

1 横向きに寝て上の腕を後ろに回す

上の足のヒザを90度曲げて下にタオルを敷く。上の手を後ろに回して肩甲骨を浮かせる

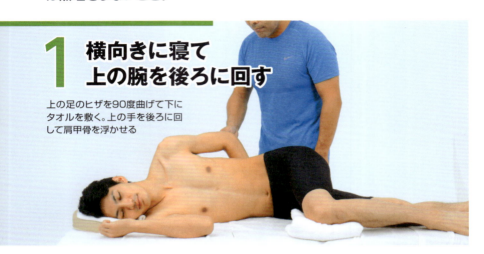

2 左手で前から肩を押す

左の肩甲骨を行う場合は左手で肩の前を押して肩甲骨を浮かせる

肩を後ろに押すと肩甲骨が浮く

PART ❹ 関節可動域を広げる！ペアストレッチ

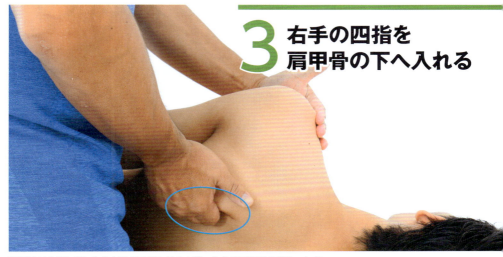

3 右手の四指を肩甲骨の下へ入れる

肩甲骨が十分に開いたら右手の四指をその内側へ入れて肩甲骨の縁をつかむ

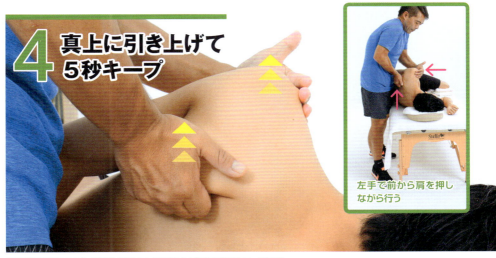

4 真上に引き上げて5秒キープ

肩甲骨の縁をつかんだらそのまま上に引き上げて5秒ほどキープする

左手で前から肩を押しながら行う

Point

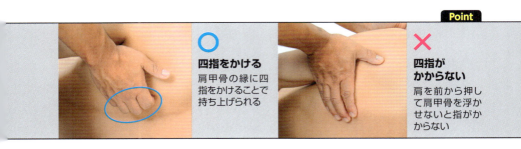

○ **四指をかける**
肩甲骨の縁に四指をかけることで持ち上げられる

× **四指がかからない**
肩を前から押して肩甲骨を浮かせないと指がかからない

137

股関節のペアストレッチ❶
股関節内回し

施術の目安 **10回転**

足をつかんで股関節を大きく内側に回すストレッチ。股関節周りの筋肉が柔軟になり足の運びがスムーズになる。

1 仰向けに寝かせて斜め下に立つ

仰向けに寝かせてつま先を天井へ向ける。ストレッチする側のベッドの斜め下に立つ

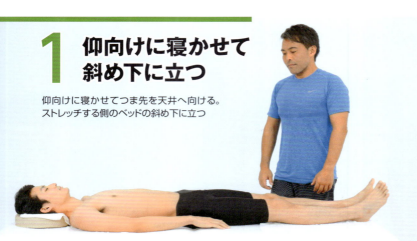

足はかるく前後に開いている

2 カカトを持ち上げヒザを押させる

左手で下からカカトを持ち上げ、右手でヒザをおさえて安定させる

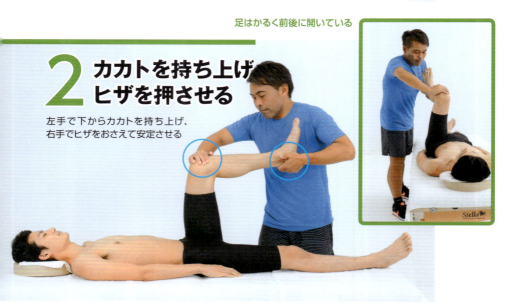

PART ④ 関節可動域を広げる！ペアストレッチ

3 右手を押してヒザを内側に入れる

左手でカカトを下から支え持つ

ヒザを内側方向へ回したいのでヒザを押して内側に入れる

4 右手を手前に引きヒザを外側に回す

右手を引くことで左手が出る

内側に入れたヒザを外に回すために右手を引く。カカトを持つ左手は自然に支えるだけ

Point

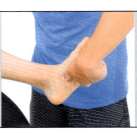

○ カカトは支える
カカトを下から支えて90度を保つ

✕ 足の裏をつかむ
足裏をつかむだけでは安定性に欠ける

139

股関節のペアストレッチ❷
股関節外回し

施術の目安
5回転

股関節を大きく外に回すストレッチ。ヒザとカカトをつかみ支点とすることで、大きな可動域を出すことができる。

1 仰向けに寝かせて足側に立つ

左足をストレッチする場合は左足の横辺りに立つ

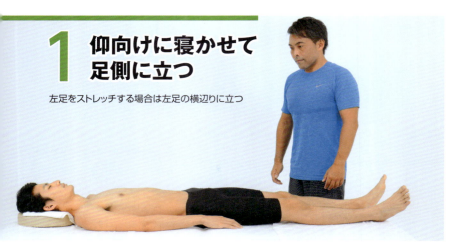

ヒザが左右に傾かないように

2 カカトを持ち上げヒザを押させる

足を大きく回すストレッチなのでカカトを下から支えてヒザをおさえ安定させる

PART ❹ 関節可動域を広げる！ペアストレッチ

3 右手を引いて ヒザを外へ開かせる

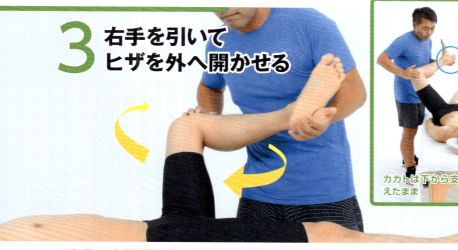
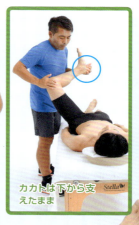

カカトは下から支えたまま

ヒザに置いた右手を手前に引いて足を付け根から大きく開かせる

4 右手で押して ヒザを内に入れる

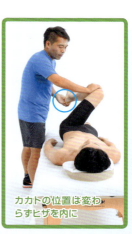

カカトの位置は変わらずヒザを内に

3と逆の動作になる。3と4を繰り返すことで足の付け根から大きく回すことができる

Point

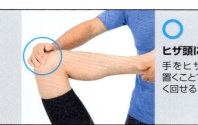

⭕ **ヒザ頭に置く**
手をヒザ頭に置くことで大きく回せる

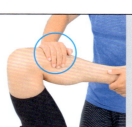

❌ **スネに置く**
スネに置いてしまうと足を回しづらくなる

股関節のペアストレッチ❸
股関節ストレッチ

DVD 4-7 ペアストレッチ

施術の目安 **10秒**

足を左右に開閉させて股関節の柔軟性を高める。
腰が浮かないようにしっかりとおさえながら行おう。

1 ストレッチする足を曲げ腰に乗せる

相手の足首を自分の腰に乗せ、右手をヒザ、左手を腰に置く

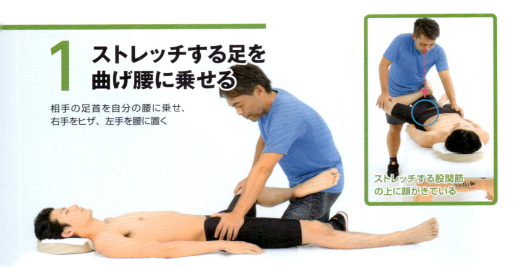

ストレッチする股関節の上に顔がきている

2 左手で腰をおさえ右手でヒザを押す

左手で腰が浮かないようにおさえながヒザを10秒おして内転筋をストレッチさせる

PART ❹ 関節可動域を広げる！ペアストレッチ

3 足をクロスさせて ヒザ頭に左手を置く

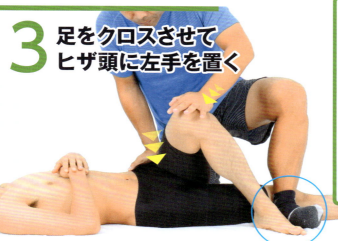

つま先立ちになりしっかりと圧をかける

右手は腰、左手はヒザに置く。自分の左足で相手の足が滑らないようにロックする

4 10秒間ヒザを おさえる

ヒザをおさえ続けることで大腿筋膜張筋や中殿筋がストレッチされる

Point

⭕ **足でロックする**
相手の足が滑らないように自分の足で止める

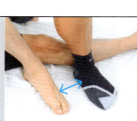

❌ **足が離れる**
ロックしないと効果的にストレッチできない

143

DVD 4-8 ペアストレッチ

股関節のペアストレッチ❹

太ももストレッチ

施術の目安 **10秒**

太もも前面のストレッチ。サッカーのキックの予備動作のようにヒザを曲げた足を後ろに伸ばす。

1 半身にさせて足側に立つ

左足をストレッチする場合、右側を下にして横に寝かせて足側に立つ

2 ヒザを曲げさせ左手で支える

相手の足を自分の腰に乗せて、そのヒザを左手で支えて持ち上げる

右足を1歩前に出すと姿勢が安定する

PART ❹ 関節可動域を広げる！ペアストレッチ

3 腰が倒れないように右手でおさえる

相手の足は床と平行を保つ

足首は腰の高さに保ったまま、腰が後ろに倒れないように右手でおさえる

4 ヒザを引いて10秒間キープ

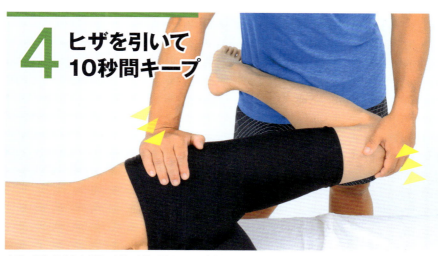

右手で腰をおさえながらヒザを手前に引く。この姿勢のまま10秒間キープしてストレッチ

Point

⭕ 腰に乗せる
右手を離しても足首は落ちないようにする

❌ 足首が落ちる
足首が落ちると効果的にストレッチできない

145

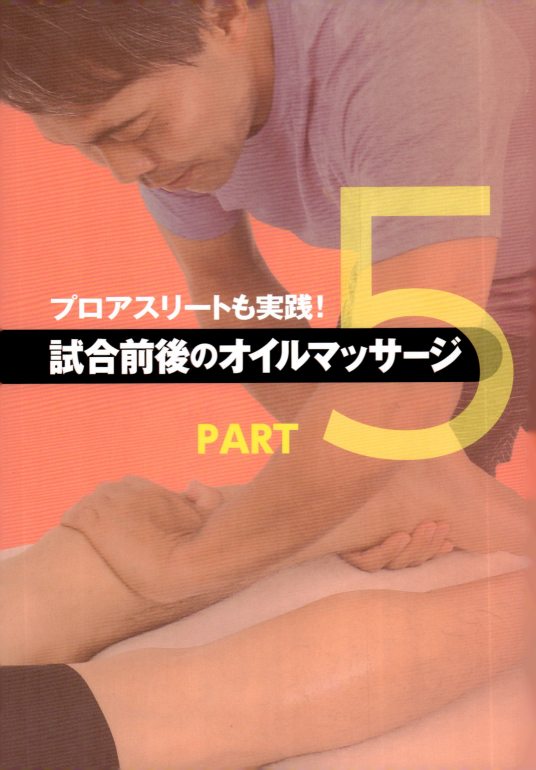

プロアスリートも実践！
試合前後のオイルマッサージ

PART 5

オイルマッサージのルールを確認しよう！

ルール 1 マッサージオイルを用意する

オイルマッサージでは、当然マッサージオイルを使用する。インターネットで検索するだけでも、香料や成分配合が異なる多種多様なオイルが見つかる。どれを使うかは施術者や受け手の好みによるところが大きいが、大切なことは肌に馴染み伸ばしやすいこと。肌と肌が触れるので摩擦が起こったり不快に感じることがないように、適度な潤いと滑らかさがあるとよい。

オイル
オイルマッサージは適度な潤いと滑らかさがあるとよい

ルール 2 試合前はすばやく動かし筋温を上げる

試合前にオイルマッサージを行う目的は筋肉温度を上げること。寒い冬などは入念にウォーミングアップをしなければなかなか筋温が上がらないが、試合前にそれだけの時間を取れないことも多い。そこでオイルマッサージですばやく手を動かし筋温を短時間で上げていくのだ。

手をすばやく動かす
試合前はすばやく動かし摩擦熱で筋温を上げる

ルール 3 試合後はゆっくり動かし疲労物質を流す

試合後にオイルマッサージを行う目的は血流の促進と老廃物の除去。試合で酷使された筋肉は硬くなり血流が滞っている。そこでゆっくりともみほぐすようにマッサージすることで血流やリンパの流れが促され老廃物も除去されやすくなる。

手をゆっくり動かす
試合後はゆっくりと老廃物を送り出すように行う

試合前後のオイルマッサージ❶
ふくらはぎ

施術の目安
試合前後
各 **3〜5**分
程度

ふくらはぎにある下腿三頭筋(かたいさんとうきん)は、あらゆるスポーツで酷使されやすい部位なので入念にケアしよう。

試合 前 >>>

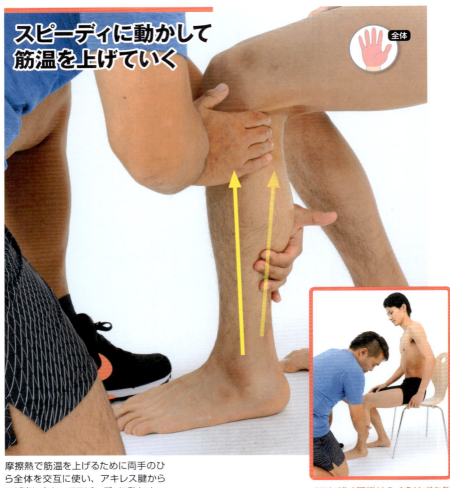

スピーディに動かして筋温を上げていく

全体

摩擦熱で筋温を上げるために両手のひら全体を交互に使い、アキレス腱からヒザ裏に向かってスピーディに動かす

イスに浅く腰掛けふくらはぎを脱力させて行う

PART ❺ プロアスリートも実践！試合前後のオイルマッサージ

試合 後 >>>

1 ふくらはぎの外側を手根でマッサージ

アキレス腱からヒザ裏までふくらはぎ外側を通ってマッサージ。ヒザ裏にはリンパ節があるので途中で止めないこと

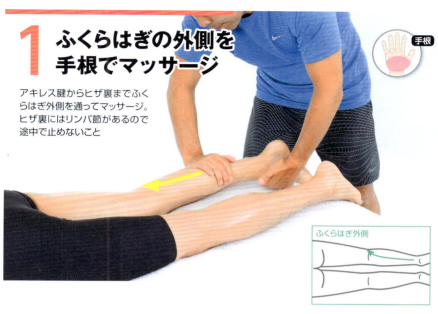

ふくらはぎ外側

2 ふくらはぎ内側は逆の手の手根を使う

右脚の内側を施術するときは左手の手根を使ってアキレス腱からヒザ裏まで圧を加えながらマッサージ

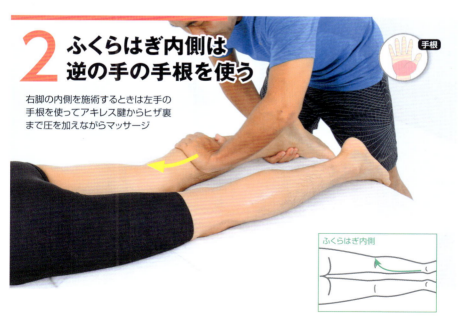

ふくらはぎ内側

149

試合前後のオイルマッサージ❷
太もも前

施術の目安 試合前後 各 **3〜5**分 程度

太もも前にある大腿四頭筋（だいたいしとうきん）は大きなパワーを生み出すが、同時に大きな負荷がかかる部位でもある。

試合 前 >>>

手のひら全体で
太ももをまんべんなく

全体

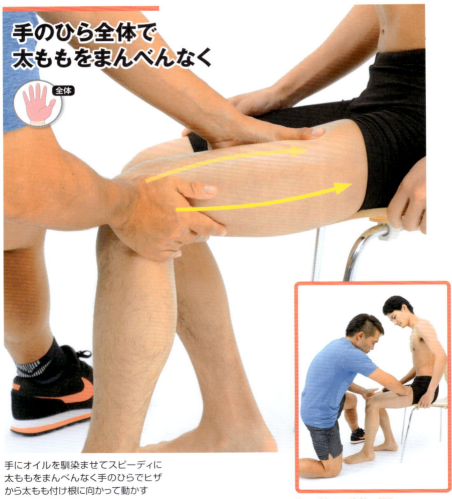

手にオイルを馴染ませてスピーディに
太ももをまんべんなく手のひらでヒザ
から太もも付け根に向かって動かす

片ヒザ立ちの姿勢で行う

PART ⑤ プロアスリートも実践！試合前後のオイルマッサージ

1 手根を使って ヒザ下から始める

疲労物質を心臓に送り返すようにヒザ下から手根で圧を加えながらスタートする

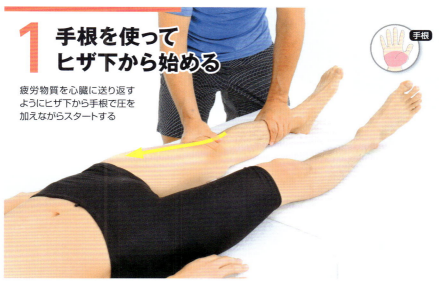

2 外、中、内の3ラインを 順番にマッサージ

ゆっくりと圧を加えなが太もも外側、中央、内側と3ラインを順番にマッサージしていく

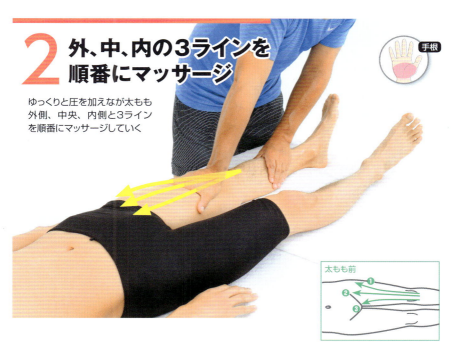

試合前後のオイルマッサージ❸
太もも裏

施術の目安 試合前後 各 **3~5**分 程度

太もも裏にあるハムストリングも試合で大きな
ダメージを受ける。試合中、試合後に丁寧にケアしたい。

試合 前 >>>

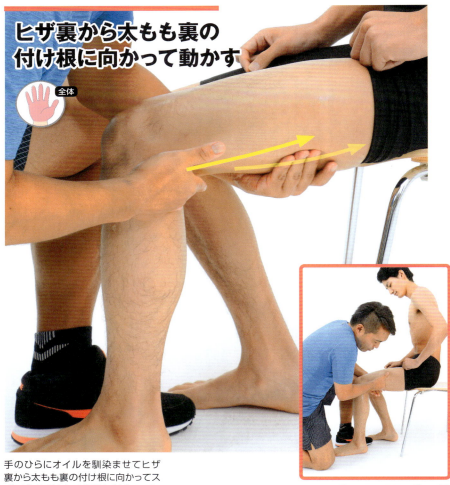

ヒザ裏から太もも裏の付け根に向かって動かす

全体

手のひらにオイルを馴染ませてヒザ裏から太もも裏の付け根に向かってスピーディに動かして筋温を上げていく

マッサージする足の正面に片ヒザ立ちになる

PART ⑤ プロアスリートも実践！試合前後のオイルマッサージ

1 太もも裏の外側を手根でマッサージ

ヒザ裏にはリンパ節があるので必ずスタートはヒザ裏の下。そこから太もも付け根まで外側に圧を加えながら行う

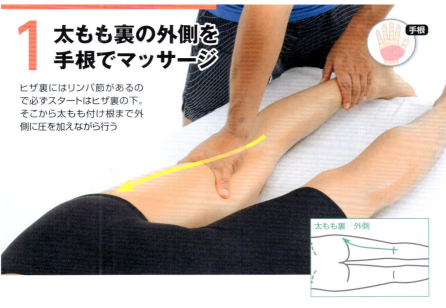

2 太ももの内側を手根でマッサージ

内側は逆の手の手根を使ってヒザ裏の下から内ももの付け根に向かって手根で圧を加えなが行う

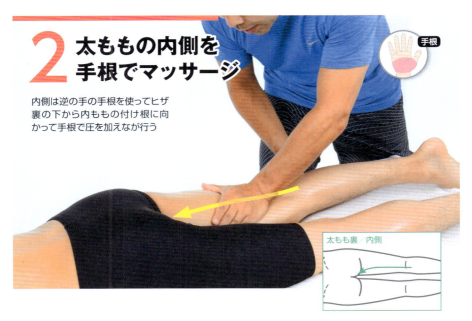

153

試合前後のオイルマッサージ❹
腰・背中

背骨に沿うように付く脊柱起立筋や背中を広範囲に覆う広背筋がターゲットになる。

施術の目安
試合前後
各 **3〜5分** 程度

試合 前 >>>

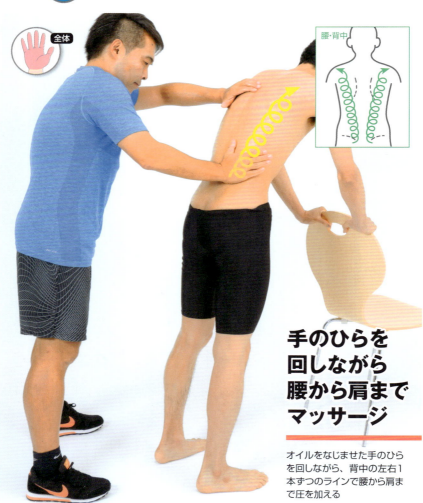

手のひらを回しながら腰から肩までマッサージ

オイルをなじませた手のひらを回しながら、背中の左右1本ずつのラインで腰から肩まで圧を加える

154

PART ❺ プロアスリートも実践！試合前後のオイルマッサージ

試合 後 >>>

1 左右1本ずつのラインを手根でマッサージ

背中の右半分は右手の手根、左半分は左手の手根で腰から肩までオイルを馴染ませて圧を加えながら動かす

手根

腰・背中

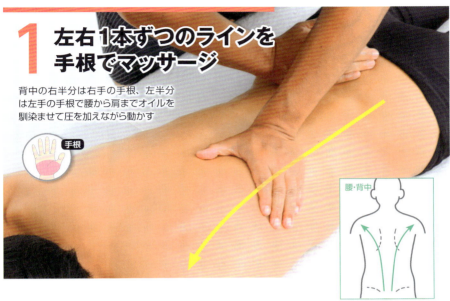

2 頭の上に移動して母指で背骨沿いに圧を加える

母指

両手の母指を背骨の左右に沿わせて同時に圧を加えながら、肩甲骨の内側を通して腰まで動かす

腰・背中

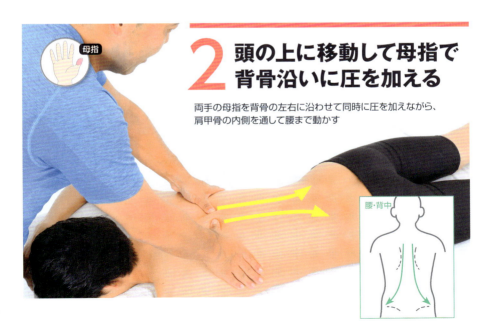

155

試合前後のオイルマッサージ❺
スネ

スネの筋肉は太ももなどにくらべると小さいので
試合前はやらずに試合後のマッサージだけを行う。

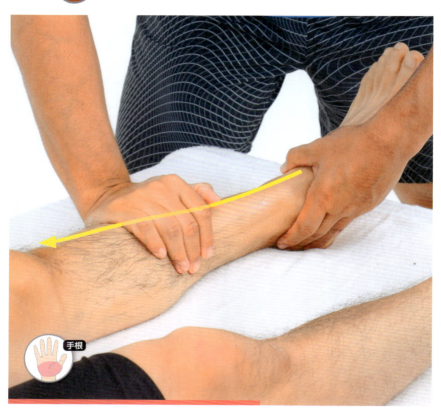

1 足首の上からヒザまで 手根でマッサージ

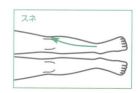

手にオイルを馴染ませて、右脚には右手、
左脚には左手の手根を使って圧を加えなが
らマッサージ

PART ⑤ プロアスリートも実践！試合前後のオイルマッサージ

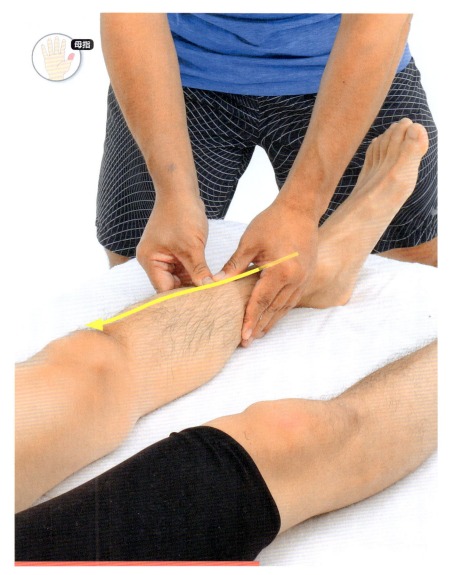

2 両手の母指を重ねて足首の上からヒザまで行う

母指は滑りやすいので両手の母指を重ねて安定させて足首からヒザまで圧を加えながらゆっくりとマッサージ

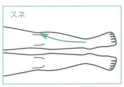

おわりに

私のプロスポーツトレーナーとしてのキャリアは20年を越えましたが、その現場のなかで最も必要とされてきた手技をこの本に凝縮しました。

当然、国内のみならず、海外でも30カ国以上のアスリートにこの手技を用いてケアをしてきました。筋肉の大きさや質は国によって違いはありますが、そこで感じたことは、「この手技は世界のどこにでも通じる」ということです。

このリンパ系スポーツマッサージはアスリートのみならず、一般の方や子ども、高齢者といった、すべての方に通じる手技なのです。この本を手に取ってくださった方は、現在自分がスポーツをしていたり、身近な人がスポーツに取り組んでいたりと、何かしらスポーツに関わりがあるのでしょう。そんな皆様に私が伝えたいことは、この手技を通して、今までよりもスポーツを身近に感じられるようになるということです。見る側、またはやる側だったスポーツが、これからはサポートする側にもなれるということです。

この本を手にして学んだ皆様の手技が、スポーツを愛好する多くの方に受け入れられることを願っています。そして、それが日本のスポーツの発展にも繋がると私は確信しています。

著者
山田晃広（やまだみつひろ）

1974年生まれ、東京都出身。株式会社The Stadium代表取締役社長。高校卒業後、大手スポーツマッサージ店に入社。2000年にスペインに渡りローカルチームを経て、2003年スペイン1部リーグ「ラシン・サンタンデール」に日本人初となるトップチームの専属トレーナー契約を結ぶ。2005年に帰国し、Jリーグ湘南ベルマーレチーフトレーナー、なでしこリーグINAC神戸レオネッサチーフトレーナーを歴任。2012年には日本女子サッカー選手澤穂希のコンディションサポートを行い、2014、2015年のFIFAバロンドール受賞式にも参列。
現在は株式会社The Stadiumの代表として、スポーツマネジメント（女子サッカー選手大野忍選手や元日本代表GKコーチのリカルド・ロペスなどのエージェント、マネジメント）を行いながら、後進のスポーツトレーナーを養成するため講師、講演活動を精力的に行っている。

山田晃広氏監修のスポーツトレーナー養成講座
Parsonal Sports Trainer

神奈川県に拠点をもつ株式会社Japan Wellness Innovationが発行するライセンス"Parsonal Sports Trainer(PST)"の監修を務める。この本で紹介しているトリートメント方法をはじめ、トレーナーに必要な知識を学びながら、テーピングやパートナーストレッチング、関節モビライゼーションなどスポーツ現場で必要な実技を学ぶことができる。スポーツトレーナー養成(PST)について、詳しくは下記へお問い合わせください。

株式会社 Japan Wellness Innovation
電話:0120-13-9680（平日10-18時）
HP:https://www.j-wi.co.jp/store/notification74

モデル	宮原弘樹、田中実奈（株式会社シンフォニア）
写真撮影	清野泰弘
写真提供	Getty Images
イラスト	楢崎義信
執筆協力	大久保 亘
DVD撮影	前島一男
DVD編集	滑川弘樹（株式会社多聞堂）
デザイン	シモサコグラフィック（ShimosakoGraphic）
編集協力	上野 茂（株式会社多聞堂）

筋肉を理解して確実に効かせる！
DVDスポーツマッサージ

著　者	山田晃広
発行者	若松和紀
発行所	株式会社 西東社
	〒113-0034　東京都文京区湯島2-3-13
	http://www.seitosha.co.jp/
	営業部　03-5800-3120
	編集部　03-5800-3121〔お問い合わせ用〕
	※本書に記載のない内容のご質問や著者等の連絡先につきましては、お答えできかねます。

落丁・乱丁本は、小社「営業部」宛にご送付ください。送料小社負担にてお取り替えいたします。
本書の内容の一部あるいは全部を無断で複製（コピー・データファイル化すること）、転載（ウェブサイト・ブロ
グ等の電子メディアも含む）することは、法律で認められた場合を除き、著作者及び出版社の権利を侵害するこ
とになります。代行業者等の第三者に依頼して本書を電子データ化することも認められておりません。

ISBN 978-4-7916-2557-4